信息技术与教育教学深度融合系列丛书

国家数字化学习工程技术研究中心　组编

杨宗凯　总主编

智慧教室环境下的教学模式与方法

刘三㚥　黄　涛
张慧芳　何秀玲　著

华中师范大学出版社

新出图证(鄂)字 10 号

图书在版编目(CIP)数据

智慧教室环境下的教学模式与方法/刘三妍 等著. —武汉:华中师范大学出版社,2017.6(2019.2 重印)

(“信息技术与教育教学深度融合”系列丛书/杨宗凯主编)

ISBN 978-7-5622-7828-3

Ⅰ.①智…　Ⅱ.①刘…　Ⅲ.①计算机辅助教学—教学研究　Ⅳ.①G434

中国版本图书馆 CIP 数据核字(2017)第 143405 号

智慧教室环境下的教学模式与方法

刘三妍　黄涛　张慧芳　何秀玲　著©

责任编辑:肖绪旭　李　蓉　**责任校对:**刘满元　**封面设计:**张　媛　洪　青

选题策划:基础教育分社　**电话:**027-67862387

出版发行:华中师范大学出版社有限责任公司

社址:湖北省武汉市洪山区珞喻路 152 号　**邮编:**430079

销售电话:027-67863040　**传真:**027-67863291

网址:http://press.ccnu.edu.cn　**电子信箱:**press@mail.ccnu.edu.cn

印刷:湖北恒泰印务有限公司　**督印:**王兴平

字数:230 千字

开本:710mm×1000mm　1/16　**印张:**15

版次:2017 年 8 月第 1 版　**印次:**2019 年 2 月第 2 次印刷

定价:49.00 元

欢迎上网查询、购书

总　序

当前，我国正处在从教育大国向教育强国迈进的关键阶段，虽然目前的教育发展水平有了明显的提高，但依然面临着促进教育公平、提升创新能力、完善终身教育体系等一系列挑战。信息化对解决制约我国教育发展的瓶颈问题具有重大意义，信息技术助力教与学突破时空限制，使扩大优质教育资源覆盖面变得更为快捷、方便。利用信息化手段改造传统课堂，对提高教育质量、改善教育供给、培养创新人才具有明显的促进作用，而互联网、云计算、大数据等信息技术则为构建终身教育体系提供了重要支持平台。

正因为如此，教育信息化受到了党和政府的高度重视。“十二五”初期，我国发布了《教育信息化十年发展规划（2011—2020年）》，对教育信息化工作进行了整体设计和部署。随后，教育部出台了“三通两平台”、教学点数字教育资源全覆盖和教师信息技术应用能力提升培训等一系列重大举措。2016年6月，教育部发布了《教育信息化“十三五”规划》，对推进信息技术与教育教学深度融合提出明确要求。当前，我国正研究制订“中国教育现代化2030”战略，进一步勾勒出教育信息化的发展蓝图及其在教育现代化进程中的重要地位。

经过“十二五”的发展，我国推进教育信息化已取得了显著的阶段性成果，初步完成了“三通两平台”的阶段性发展目标，全国大部分学校已经具备信息化条件下的基本教学环境，普遍实现了初步应用。在“十三五”阶段，我们要面对的重要课题将是进一步深化应用融合，这包括两方面含义：一方面是要继续补齐短板，普及基础条件；另一方面要促进信息技术在教育教学中的广泛、深入应用，并逐步实现信息技术与教育的深度融合。

"融合"的核心，不是用技术去强化传统教学，而是用技术去创新教学，引领教育体系变革。主要包括以下四个方面：

1. 教学模式的改进。教学过程中学生、教师等各类主体高度互动、密切协同，教与学的基本形态彻底变革，逐步形成信息化条件下与学习者认知规律和能力发展需求相适应的新型教与学模式。例如：江苏省苏州市推行的信息化教改试验，在7所学校建成16个信息化教改实验班，试点班所有日常教学活动都采用信息化手段进行深度改造，实现课内课外、家庭学校之间的高度互动，支撑以学生为中心的个性化学习，部分学科的教学质量已有了明显提升。

2. 学习环境的创新。学校网络带宽接入水平、装备条件等，都应逐步纳入学校校舍等基础设施建设的标准范围内。教学所需的物理空间、资源空间和社交空间应整合到一个环境中，为教学提供无缝支持服务，实现实体课堂和在线课堂的一体化。例如：华中师范大学国家数字化学习工程技术研究中心研发了云端一体化的未来教室，教师基于教育云的混合式课堂教学在全国已经推广两年，展现出明显好于单一实体课堂的教学效果。

3. 平台服务的整合。目前我们已经初步完成教育资源公共服务平台和教育管理公共服务平台的建设，但整合不够。静态数据主要存储在管理平台，动态数据主要存储在资源平台。在后续发展中，将逐步注重资源平台和管理平台的融合发展，支持利用大数据的伴随式数据采集和过程评价。

4. 师生能力的提升。当前教师的教学能力、学生的学习素养以及校长和各级领导的信息化领导力都有待进一步提升。教师应该成为信息化条件下教学活动的构造者、促进者、辅导者以及学习活动的组织者；学生若要成为合格的数字公民，应提高应对信息技术浪潮的能力；领导者则应该具备良好的规划、组织、评估的能力。"十二五"期间，教育部启动了教师信息技术应用能力提升工程，计划对一千多万名教师完成每人50学时的轮训，目前成效比较显著，但是大部分教师对信息技术的应用还停留在较为浅层次的阶段，能够利用信息技术创新教学的还比较少，有待进一步提高。

目前我国教育信息化尚处于“应用”阶段，正向“融合”阶段迈进。由此可以预见，未来十年要重点推进的是信息技术与教育教学的融合。教师作为信息化应用的直接推动者，其信息技术应用能力的高低直接影响着教学中应用信息技术的程度。

华中师范大学以国家数字化学习工程技术研究中心和教育大数据应用技术国家工程实验室为依托，开展了国家科技支撑计划“教育云规模化应用示范”项目的研究与实践，一直深耕在智慧教室、教育云、教育大数据等信息技术与中小学学科深度融合的理论与实践一线，在苏州、新疆、深圳、湖北、四川、海南等地积极进行着“信息技术革新教育”的创新探索与实践，为实现我国中长期教育改革与发展规划纲要的战略目标做出贡献。

在一线信息化教学应用实践过程中，我们组织参与融合实践的专家学者、中小学教育管理者与一线教师，共同围绕“信息技术与教育教学深度融合”这个主题，反思教育教学创新与实践中的成功经验与存在的问题，并进一步总结形成教学理论，撰写编制本套系列丛书，主要为一线教育工作者及管理者、中小学教师提供信息技术与教育教学深度融合实践的理论支撑与实践指导。

主编

2017 年 8 月于华中师范大学

前　言

随着信息化时代的到来，智慧教育的浪潮正全面袭来，传统的教学模式已无法满足时代的发展与要求，智慧教育已然成为教育信息化的最新追求。智慧教育是经济全球化、技术变革和知识爆炸的产物，是素质教育在知识、信息时代的深化与提升，是培养面向21世纪创新人才的内在需求。智慧教育要落到实处，需要智慧学习环境进行技术支撑。智慧教室作为智慧教育内容中的一个关键要素，对教育教学将产生重要影响。

尽管对于智慧教育、智慧教室研究的关注度在不断提升，但国内对于智慧教室环境下的教学模式与方法的研究和探索还相对较少。《教育信息化“十三五”规划》明确指出“要依托信息技术营造信息化教学环境，促进教学理念、教学模式和教学内容改革，推进信息技术在日常教学中的深入、广泛应用，适应信息时代对培养高素质人才的需求”。信息技术与教育教学的融合并不是单纯的在教学过程中运用信息技术，而是运用信息技术逐步改变原有的教育教学过程与模式，实现教学方式的转变，借助技术帮助学生提高发现问题、解决问题的能力，增长学生的智慧，提升学生的学习兴趣，促进学生创新能力、批判性思维能力的发展。

正是基于上述背景和认识，我们编写了这本书。本书在深刻研究课堂教学发展与变化的基础上，阐述了智慧教育环境下智慧教室的内涵和意义，并详细介绍了智慧教室环境下教学模式和教学方法的创新实践，同时提供大量一线课堂教学的具体案例，帮助广大教师完成自身信息化教学水平的快速进阶，为其在智慧教室环境下开展高效的课堂教学提供参考（本书绝大多数案例来自一线智慧教室教学实践，具有很好的参考性和实用性）。本书共七章。第一章主要分析了智慧教室的建设背景、内涵和特点，并详细阐述了其对课堂教学变革的影响；第二章至第六章对智慧教室环境下的五种教学模式与方法进行了阐述，分别是：基于思维导图的学习活动组织模式与方法、基于双轨展示的课堂教学模式与方法、基于互动反馈的课堂教学模式与方法、基于数据驱动的课堂教学模式与方法和基于微课的课堂教学模式与方法，并结合具体案例进行辅助讲解。第七章主要呈现了丰富的基于智慧教室环境下的学科综合案例分析，将理论与实践应用相结合，更好地诠释与展现智慧教室环境下的教学。全书从智慧教室的时代背景、内涵与模式、方法与路径等视角出发进行探索与分析，提出了智慧教室环境下的新型教学模式，符合教育信息化的发展以及技术创新对教育教学领域的影响与变革，对智慧教室环境下的教学研究具有重要的现实意义和实践应用价值。

本书由华中师范大学国家数字化学习工程技术研究中心刘三女牙教授主持编写。华中师范大学国家数字化学习工程技术研究中心黄涛、张慧芳老师参与了本书的结构和框架设计，以及第一章、第三章、第四章、第七章的编写。华中师范大学国家数字化学习工程技术研究中心何秀玲老师参与了本书的研讨过程，并对本书提出了很多宝贵的建设性意见。国家数字化学习工程技术研究中心的信息化教学研究与培训团队参与了本书的编写和整理工作，主要编写人员有：吴胜龙（第五、六章）、杨欣（第二、七章）、吴博靖（第五章）、刘婷（第五、六章）、耿晶（第五、六、七章）、宋凡（第六、七章），廖庆洲负责本书的文字校对工作。本书的编写是大家共同研究的成果，由大家共同编写完成。此外，本书是对国家数字化学习工程技术研究中心示范区教师实践案例的反思与总结，得到了示范区广大教师的案例分享和研究支持，由于不能一一列举名字，在此特向老师们致以衷心的感谢。本书编写参考和引用了大量的国内外文献资料，引用了同行专家和学者的理论观点，其中多数文献已在参考文献中列出，如有遗漏，恳请谅解。

本书的编写从酝酿到成稿，编者力求反映智慧教室环境下教学模式与方法的最新成果，并希望能够满足读者的不同需求。尽管如此，由于智慧教室及其教学应用的理论与方法还有待在实践中进一步完善，加之编者学识水平有限，书中错漏之处在所难免，恭请广大读者提出宝贵的意见。

作者

2017 年 8 月

目 录

第一章

智慧教室与课堂教学变革

随着新兴信息技术的不断涌现及其在课堂中的深入应用，教师教学的方式、学生学习的方法和习惯都发生了巨大的改变，但作为教与学过程实施的载体——课堂环境却没有大的变化。面对“数字原生代”学习者，目前多数课堂还停留在借助黑板、投影、白板等进行以知识的讲授和灌输为主的教学，缺乏对学生个体差异和个别化学习的关注。

未来学习强调通过多元化教学培养学生批判性思维和解决实际问题的能力，使学生善于应用技术手段进行沟通和创新思考，信息时代的教育更重视借助智慧学习环境——智慧教室来培养学习者的高阶认知能力。在移动互联网、人工智能、大数据等技术的支持下，智慧教室成为智慧教育的核心组成部分，在未来教育发展、促进教育教学变革和人才培养中起着越来越重要的作用。

第一节 背景与意义

一、课堂教学信息化的发展历程

课堂是我国学校教育的主要阵地，黑板加粉笔一直是传统课堂教学的主流技术。随着信息技术的发展和国家新课程改革的需要，信息化对教育造成了极大的冲击，教师的教学观念和学生的学习方式也都发生了很大的变化，传统课堂教学的技术手段单一、教学资源严重受限、教学内容无法再现和重复利用等缺陷日益突出，逐渐不能满足教师和学生的需求。我国提出教育信息化促进教育现代化的发展目标，经过多年的发展，基于计算机技术的现代多媒体教学已成为当前教学中的主流方向。纵观信息技术融入课堂教学中的发展历程，教室的发展历程大致分为三个阶段。

1. 传统教室

传统教室的最大优点是教师用粉笔把教学内容写在黑板上，并配以现场讲解，学生边听老师讲解边做笔记，这种方式统称为传统板书教学。板书这种方式展示了教学内容的逻辑联系和教学过程的进行程序，反映了正确的思维过程，对学生的思路有引导调节的作用。由于板书可以反复感知，所以它能不断刺激学生的视觉注意，使学生清晰地意识到实际的教学过程，启发学生随着教学的进程进行思考和学习。数百年来，这种板书的教学方式始终牢牢地统治着课堂教学，在教学发展史上起到了举足轻重的作用，即便在科技高度发达的今天，也始终没有退出历史舞台，仍然在课堂教学中占据重要的地位并发挥着作用。

但是，传统教室也有一些缺陷急需解决：粉笔在黑板上书写时容易产生粉尘，对教师和学生的身体不利；资源呈现种类单一，无法展示多样的媒体资源；“黑板＋粉笔”的教学呈现方式具有板书内容无法保存和重复利用的缺陷。

2. 计算机、投影仪和幕布组成的多媒体教室

多媒体教学作为一种新的教学方式，以其图文并茂、声像俱佳等特点，越来越多地进入到一线课堂教学，并渗透到各个学科的教学中。在这种环境下，由计算机、投影仪和幕布组成的多媒体教室成为多媒体课堂教学的主要载体。但是，近几年的教学实践表明，这种计算机、投影仪和幕布组成的多媒体教学方式已逐步演化为一种新型的照本宣科，主要表现如下：

（1）逐渐演化成“PPT 教学”。多媒体教学具有交互性、集成性、可控性等特点，但目前多媒体教学对传统的黑板和粉笔教学方式全盘否定，对其本身的认识和理解也出现偏差。很多时候教师一个 PPT 文件主导一节课，教师变成“放映员”，教学节奏加快，学生思考和接收教学新知识的时间不足，加大了学生的理解难度，造成认知负荷过重的情况。

（2）减少了师生之间的情感交流，成为一种新型的照本宣科。教师将事先准备好的课件在计算机上展示，面对屏幕讲课，学生面对屏幕听，教师和学生之间缺乏必要的互动和交流，不利于学生身心发展和能力的提高。

（3）过于注重形式，忽视了学习者的知识建构。在多媒体教学过程中，教师片面追求课件的表面效果，缺乏对教学内容的深刻理解，各知识点之间缺乏关联，导致整个教学过程本末倒置，教学效果不佳。

（4）缺乏对教学活动的关注和组织。多媒体教学可以在短时间内传递大量信息，而实际教学需要训练学生的思维能力和逻辑能力，很多时候需要学生一步步去思考和探究，教学课件播放速度过快反而不利于知识的建构和思维能力的发展。教师在教学过程中应该侧重于教学活动的巧妙组织与合理安排，根据科学的教学设计来组织和实施教学。

3. 交互电子白板教室

交互式电子白板教学拥有多媒体教学的所有特点，支持教师直接在白板上进行操作，摆脱主控制台和电脑的束缚。以往只能呈示手写文字和手绘图形的黑板变得五彩缤纷，老师既可如往常一样自由板书，又可展示和编辑数字化的图片、视频。但在很多时候，很多教师只是将计算机鼠标的功能移到教学资源的呈现介质上，没有从本质上突破多媒体教学所面临的困境，没有发挥交互式教学的优势，其缺点在于：

（1）交互式电子白板成为“昂贵的幕布”。交互式电子白板具有智能化的操作和强大的交互功能，但是在实际的教学运用中，由于对教师技术能力培训力度不够等多种原因，教师不能充分发挥其功能，交互式电子白板仅仅被当成是屏幕幕布，严重浪费了教学资源。

（2）多媒体资源与板书不能够很好地协调展示。交互式白板教室通常只有一块白板，教师在播放多媒体教学资源的时候不能够同时配合板书讲解。反之，写板书的时候也不便于播放多媒体资源，导致学生在学习过程中容易出现思路中断的情况。

（3）不能够自如地组织课堂教学活动。交互式电子白板所构建的交互式教学通常只是整个教学过程中的某个环节，并不能够统领整个教学过程，也不能够自如地组织课堂教学活动，组织课堂的重任通常由教师来承担。因此，在不同环节中，教师都需要从不同的文件夹下查找放映相应的文件来支持讲授，浪费了课堂的宝贵时间，且学习的连贯性得不到保障。

设计科学的信息化课堂是开展信息化教学的基本前提。交互式电子白板教学存在的这些问题是影响其教学进步的一个瓶颈。当今的课堂教学迫切需要一种既能保留板书的优点，又能方便引入数字化信息资源，并能增强师生参与、对话和交互的教学环境。

自 2012 年教育部“三通两平台”工程实施以来，越来越多的数字化学习资源、学习终端、教育云服务和应用等多种新兴技术被应用到教学中，出现了诸如移动平板教室、1∶1 笔记本教室等多种类型的智慧教室，其在师生互动、座位布局、内容组织和呈现、学习资源获取、环境管理等方面给教学和学习带来了诸多便利①。随着“互联网+”行动计划的出台和《国家信息化发展战略纲要》的发布，信息化已成为国家战略，以智慧教育引领教育信息化的创新发展，建设智慧型学习环境，是促进教育教学与信息技术深度融合，实现教学质量和学生创新能力提升的必然趋势。

二、“互联网+”时代基础教育改革趋势

1. 技术的发展对教育的影响趋势——《地平线报告》的启示

《地平线报告（基础教育版）》是美国新媒体联盟（NMC）联合美国学校网络联合会（COSN）发布的关于信息技术及其在教育领域中应用的一个报告。自 2002 年起，该报告每年都会预测全球范围内未来 5 年新兴技术在学校中会产生哪些影响，全球的基础教育将会面临什么样的发展趋势②。经过 14 年的发展，《地平线报告（基础教育版）》目前已成为该领域所开展的最持久的跟踪探究，对帮助我们及时了解促进教与学以及创造性探究的教育技术领域重大发展态势有重要意义。

受政策和实践应用等因素影响，基础教育领域的技术采纳速度日益加快③，因此，教育技术发展的关键趋势对信息技术在中小学学校中的应用具有决定性作用和意义。表 1-1 是我们对比展示 2015、2016 两年新媒体联盟《地平线报告（基础教育版）》所记载的短期（1～3 年）、中期（3～5 年）和长期（5 年以上）时间内驱动学校应用教育技术的重要趋势。

① 胡永斌，黄荣怀. 智慧学习环境的学习体验：定义、要素与量表开发 [J]. 电化教育研究，2016（12）：67-73.

② 国际教育信息化发展 2015 地平线报告（基础教育版）[EB/OL].

③ 国际教育信息化发展 2016 地平线报告（基础教育版）[EB/OL].

从连续两年预测的趋势我们可以看出，未来教育发展趋势在学习内容方面将侧重学生计算思维的培养和学科知识的连接学习，学生需要了解各种知识和技能在解决真实世界的问题时是如何相互连接和相互交叉的①，侧重培养学生解决实际问题的能力。在学习模式与方法上更侧重以学习者为中心的教学（混合式学习和协作学习），同时进行项目式学习、探究式学习等深度学习策略的探索。在培养学生自主学习与合作学习能力的同时，注重学生批判性思维、解决问题能力的养成与提高。同时，鼓励学生以知识创建者的身份来进行学习和探索，通过这些创新技能的磨炼，积累深度学习的经验，培养其创造能力。此外，随着传统教学模式的演变和新兴技术在课堂教学中应用的不断加深，新形式的教与学需要新空间支持，课堂教学环境和学习环境也需要进行升级和创新（重新设计学习空间），以应对 21 世纪学习实践的变化。报告指出为满足“以学生为中心”的教学实施，应对教室进行重新设计，以更好地为学习者未来就业做准备。在设计过程中，可借鉴建筑和空间设计领域的创新思维。

表 1-1　2015、2016 两年新媒体联盟《地平线报告（基础教育版）》驱动学校应用教育技术的重要趋势对比

时间	短期趋势	中期趋势	长期趋势
2015 年	加强混合式学习的应用	加强学生之间的合作学习	重塑学校运行机制
	STEAM 学习的崛起	学生从消费者转变为创造者	探索深度学习策略
2016 年	培养学生编程素养	开展协作学习	重新设计学习空间
	学生成为创客	探索深度学习策略	反思学校运行机制

表 1-2 是我们对比 2014、2015、2016 三年新媒体联盟《地平线报告（基础教育版）》所记载的影响教育的技术（即可用于改善教学、学习和创造性探究的工具和资源），我们可以看出，目前教学中工具、资源等越来越侧重网络化、可视化、个性化和智能化等，其应用的根本目的是培养学习者的核心素养，以更好地促进学习者的学习，而未来教育也在往个性化、虚拟化、智能化、开放化等方向发展。

---

①　未来学校教育面临的趋势和挑战［EB/OL］.

表 1-2　2014、2015、2016 三年新媒体联盟《地平线报告（基础教育版）》所记载影响教育的技术①②③

时间	1 年以内	未来 2～3 年	未来 4～5 年
2014 年	自带设备（PAD 等）	游戏和游戏化	物联网
	云计算	学习分析	可穿戴技术
2015 年	自带设备（PAD 等）	3D 打印	数字徽章
	创客空间	自适应学习技术	可穿戴技术
2016 年	创客空间	机器人	人工智能
	在线学习	虚拟现实	可穿戴设备

2. 为未来而准备的学习——探看美国 2016 国家教育技术规划（NETP2016）

2015 年 11 月，美国联邦教育部教育技术办公室发布了第五个“美国教育技术规划”——《为未来做准备的学习：重塑技术在教育中的角色》。该规划主要针对美国教育当前迫切需要解决的问题，即如何使用创新技术来增强教与学，提出相应的解决方案和行动规划，是美国教育信息化发展方向的指引文件④。

根据当前所面临的挑战，NETP2016 提出了“为未来做好准备的学习”框架图，从学习、教学、评估、领导力和基础设施五个维度提出建议，我们重点关注与课堂教学相关的学习、教学和评价三个方面。关于学习，NETP2016 提出，未来五年内将致力于借助技术让所有的学生通过沉浸式和自主性学习获得学习经验，具体体现在：增强个性化学习和体验式学习；充分利用数字化设备和资源，协助学生开展具有挑战性的学习任务和展示复杂的概念和内容；协助学习者根据需要和兴趣开展学习，激发学习者学习积极性，培养个人兴趣。在教学方面，NETP2016 指出，未来的

① 国际教育信息化发展 2014 地平线报告（基础教育版）[EB/OL].
② 国际教育信息化发展 2015 地平线报告（基础教育版）[EB/OL].
③ 国际教育信息化发展 2016 地平线报告（基础教育版）[EB/OL].
④ 何克抗. 关于《美国 2010 国家教育技术计划》的学习与思考 [J]. 电化教育研究，2011（4）：8-23.

教师除了是学生的指导者和激励者之外，还是学生学习的合作者，强调教师借助技术设计参与学习体验，并引领新型学习技术的评价和实施。而对于教学评价，未来五年将更侧重于在教学中借助大数据，对学生需求、兴趣和能力提供更完整、细致的描述，进行持续性、形成性和嵌入式评价，往整合式评估系统和个性化教学转变①，同时指出基于学习仪表板（Learning Dashboard，即学习仪表板，它集评估、学习工具、教育者的观察和其他来源的信息于一体，提供代表学生实时进度的、令人信服的、综合的可视化信息②）的可视化学习将成为重要趋势。

NETP2016 提出的“为未来准备的学习”理念，具有很强的战略性和前瞻性，可以很好地推动美国教育信息化的快速发展。由于美国教育信息化一直走在世界前沿，研究美国的经验，对我们了解技术在教学中的应用趋势和要点，促进课堂教学变革，实现技术与教育教学的深度融合具有重要的借鉴意义。

3. 国内政策与研究概述

2015 年 10 月，中共中央十八届五中全会正式提出实施“互联网+”行动计划，实施国家大数据战略。该计划为大数据理念与技术在教育领域的快速渗透和应用推广提供了强有力的保障，在“十三五”期间，大数据与教育核心业务的融合，将成为驱动新一轮基础教育改革与发展的创新动力③，发展教育大数据也是当前推进我国教育领域深化改革与创新发展的战略选择④。2016 年 4 月，《中国基础教育大数据发展蓝皮书（2015）》正式发布，该文件指出教育大数据在教育中的五大趋势：数据开放程度不断加强、数据资产规模逐渐壮大、数据创新应用效应逐步扩大、大数据行业生态逐步完善、大数据专门人才培养备受重视⑤。

---

① National Educational Technology Plan 2016 [EB/OL].

② 赵建华，蒋银健，等. 为未来做准备的学习：重塑技术在教育中的角色 [J]. 现代远程教育研究，2016（2）：3-15.

③ 《中国基础教育大数据发展蓝皮书（2015）》五大趋势和四类建议 [EB/OL].

④ 《中国基础教育大数据发展蓝皮书（2015）》发布 [EB/OL].

⑤ 《中国基础教育大数据发展蓝皮书（2015）》发布 [EB/OL].

教育部于2016年6月印发了《教育信息化“十三五”规划》的通知，明确指出“要依托信息技术营造信息化教学环境，促进教学理念、教学模式和教学内容改革，推进信息技术在日常教学中的深入、广泛应用，适应信息时代对培养高素质人才的需求”。同时，规划还指出“有条件的地区要积极探索信息技术在众创空间、跨学科学习（STEAM教育）、创客教育等新的教育模式中的应用，着力提升学生的信息素养、创新意识和创新能力”①。同年7月，中共中央办公厅、国务院办公厅印发了《国家信息化发展战略纲要》，指出“完善教育信息基础设施和公共服务平台，推进优质数字教育资源共建共享和均衡配置，建立适应教育模式变革的网络学习空间，缩小区域、城乡、校际差距”②。由此看出，在“互联网+”环境下，促进大数据与基础教育的深度融合，进行学习环境创新和优质数字资源建设，推进教学理念、教学模式和教学内容改革，提升学生的核心素养是目前我国教育信息化发展的重要目标。

中国教育学会名誉会长、北京师范大学教育学部资深教授顾明远先生曾经在《未来教育的变与不变》一文中对未来的教育有过这样的描述：学习的渠道将从传统的学校学习拓宽到网络学习和虚拟世界学习，无处不在，时时可以学习；教育侧重培养学生的批判性思维、创造性思维等；课程内容侧重学习多学科交叉知识；互联网为个性化学习、个别化学习提供了有利条件；教师由传统教育的知识传授者转变为教育的设计者、指导者和帮助者，成为与学生共同学习的伙伴。顾先生的这些描述在理念上和《地平线报告（基础教育版）》所提出的趋势有不少相似之处，但他在文章最后提出的未来教育的不变之处更值得我们深思——教育传承文化、创新知识和培养人才的本质不会变化。技术改变了教育环境和教育方式，这只是改变了教育的手段，但不是教育的目的。教师的教育观念、教学方式方法需要改变，但教师培养人才的职责没有变③。尊重每一个学生，对每一个学生的发展负责，永远是基础教育改革的逻辑起点。

①

②

① 教育部关于印发《教育信息化“十三五”规划》的通知［EB/OL］.

② 中共中央办公厅 国务院办公厅印发《国家信息化发展战略纲要》［EB/OL］.

③ 顾明远. 未来教育的变与不变［N］. 中国教育报，2016（8）：3.

第二节　智慧教室与课堂教学变革的内涵与模式

一、智慧教室应用研究概述

1. 智慧教室内涵与概念界定

关于智慧教室概念的界定，国内外的文献中目前尚无统一的论述，英文文献中常用“Smart Classroom”、“Intelligent Classroom”、“Classroom of Future”、“Classroom of Tomorrow”，中文文献则常用“智慧教室”、“智能教室”、“智慧学习环境”、“未来教室”、“未来课堂”等词语进行描述，这里为了方便解释，我们统一使用“智慧教室”这个名称。

Clayton M. Christensen，Michael B. Horn 和 Curtis W. Johnson 指出，智慧教室是一个集成了技术与软件、提供给学生一些替代方法和选择以达到规定目标的课堂，以鼓励学生形成共用的学习计划，并分享经验和教训，进行概念化的学习，而不是单纯记忆一些信息①。

黄荣怀教授认为，智慧教室的“智慧性”包括设计教学内容的优化呈现、学习资源的便利性获取、课堂教学的深度互动、情境感知与检测、教室布局与电气管理等多个方面的内容，可概括成内容呈现（showing）、环境管理（manageable）、资源获取（accessible）、及时交互（real-time interactive）、情境感知（testing）五个维度，简写成“S、M、A、R、T”，即“SMART”概念模型。同时，他指出，如果分别从“内容呈现（S）”、“资源获取（A）”和“及时交互（R）”三个维度来进行教室的增强设计，可以把教室建设成“高清晰”、“深体验”和“强交

① Student Is The Class：‘Disrupting Class’- Highly Recommend!［EB/OL］.

互”三种典型的智慧教室，如表 1-3 所示。

表 1-3　三种类型的智慧教室比较①

维度 类型	教室布局	教学模式	内容呈现	资源获取	及时交互
“高清晰”型	“秧苗式”为主	传递—接受	双屏显示 无线投影	支持讲授的资源和工具	以师生互动为主
“深体验”型	多种布局均可	探究性	学生终端	丰富的资源和教学工具；全面支持各种终端接入	以生机互动为主
“强交互”型	“圆型”为主	小组协作	小组终端	支持小组协作的资源和工具	以终端支持的生生交互为主

祝智庭教授在 2012 年提出“智慧教育”的概念，揭示智慧教育的真谛是向教师提供融合技术的学习环境，使其可以施展高效的教学方法，让学习者获得适宜的个性化学习服务与优良的发展体验，使其由不能变为可能，由小能变为大能，从而培养具有良好的价值取向、较强的行动能力、较好的思维品质和较深的创造潜能的人才②。针对智慧课堂，他提出，智慧课堂是以崭新的智慧教育理念为指导，借鉴翻转课堂应用实践的成功经验，通过突破视频微课的“效果天花板”（借助提升学习资源质量、制作互动数字课本等途径）和翻转课堂的“效果天花板”（借助优化教法生态，循证评估、精准教学，开展创造驱动学习，创建智慧学习生态，教师任务由教学转向教习，提升教师信息化教学能力等途径）等措施对翻转课堂进行重塑和升级。同时指出，将智慧课堂由课内延伸到课外，由物理环境延伸到网络虚拟环境，就形成了智慧学习空间（smart learning space），并提出以下建设意见：基于大平台构建开放式服务模式；基于大数据进行学习分析与评估；提供个性化适需学习服务；基于 O2O 架构搭建无缝学习环

---

① 黄荣怀，胡永斌，杨俊锋，肖广德．智慧教室的概念及特征［J］．开放教育研究，2012（18）：22-27.

② 祝智庭，贺斌．智慧教育：教育信息化的新境界［J］．电化教育研究，2012（12）：7-15.

境；建构生态化的学习资源①。

余胜泉教授认为，智慧教育的教学环境是一种智慧的教育环境，包含了"情境感知"、"异构通讯"、"无缝移动"、"自然交互"、"任务驱动"、"可视化"、"智能管控"、"自动适应"等八方面的核心要素。

杨宗凯教授认为，未来的教室一定是云端教室，包含电子课本、电子课桌、电子书包、电子白板等，模拟媒体、数字媒体、网络媒体等资源都储存在教育云上，并且内容极其丰富，可以满足个性化学习的需要②。

通过对上述定义的分析可以看出，当前已有的对智慧教室的定义侧重关注使用新兴技术创建一个教与学的环境，来促进学生的能力培养（如个性化学习、创新能力等）。综合上述学者对智慧教室的概念界定研究，本书约定，书中后续提及的"智慧教室"，也可称为"未来教室"，是融合"互联网＋教育"的全新教育教学理念的云端教室，它提供云端一体化服务的教学模式，通过教育大数据创新教学模式，实现教学规模化与个性化的统一，目标是促进教育由信息化走向开放化、个性化、可视化和智能化。

2. 智慧教室应用研究概述

以智慧教室为标志的智慧教育环境研究推动了从数字化学习环境向智能化学习环境的根本转变③，其全新的理念对传统教育思想、内容、模式和方法产生了巨大的冲击，引起了国内外相关研究人员和专家的广泛关注。国外对智慧教室的研究起步较早，最早可以追溯到 1988 年雷西尼奥在《教育技术的实践应用》中率先提出的 smart classroom 概念。之后研究热度持续上升，国外很多企业、高校和科研机构就智慧教室设

---

① 祝智庭. 智慧教育新发展：从翻转课堂到智慧课堂及智慧学习环境［J］. 开放教育研究，2016（22）：18-49.

② 杨宗凯. 教育信息化十年发展展望——未来教室、未来学校、未来教师、未来教育［J］. 中国教育信息化，2011（18）：14-15.

③ 胡钦太，郑凯，林南晖. 教育信息化的发展转型：从"数字校园"到"智慧校园"［J］. 中国电化教育，2014（1）：35-39.

计、建设和革新进行了大量的探索和实践，比较有代表性是苹果公司的“苹果明日教室（Apple Classroom of Tomorrow，即 ACOT)”计划、麻省理工学院 TEAL（Technology Enabled Active Learning）项目、北卡罗来纳州立大学的扩展型（SCALE-UP）教室项目、明尼苏达大学的 ALCs（Active Learning Classrooms）项目、斯坦福大学的 iRoom 项目和欧盟校园联盟 iTEC 未来教室项目等。另外，微软、英特尔、戴尔等企业也联合诸如塞格德大学等学校、区域建设智慧教室项目。

相对而言，国内对智慧教室的应用研究则相对滞后。IBM 于 2008 年提出“智慧地球”的概念之后，传感技术、网络技术、物联网技术、大数据技术和人工智能技术与社会进步紧密结合，促进了技术与教育的深度融合，如何建设智慧教室成了国内教育信息化研究的焦点。清华大学开启了 Smart Classroom 项目；南京大学建设了媒体融合未来实验室；台湾中正大学建设了 TEAL 创意互动教室；华师京城公司联合华东师范大学共同研发了“绿色班班通”的解决方案；北京师范大学创立了未来学习体验中心等等。此外，国内一些中小学也在进行智慧教室的应用实践，如浙江省杭州建兰中学参照美国第二代学校的建法，建设了具有“未来学校”理念的新校区，台北市也在 2010 年启动了智慧教室的应用。

总体而言，当前关于智慧教室的研究主要侧重于理论、设计、应用和评价四个方面。其中，理论研究主要涵盖智慧教室的基本理念、环境与教学行为的关系、设计与开发框架等。设计研究主要依据基础理论研究中确定的框架、原则、方法，从空间、技术方面开展智慧教室设计。应用研究包括教学方法、课程开展、教学模式、最佳实践案例以及实际教学涉及的其他因素等。评价研究主要关注使用者的满意度、师生的经验反馈、互动效果对比等方面①。此外，李葆萍等人通过对近十年关于智慧教室研究的国际期刊论文进行分析，发现“智慧学习环境的结构和功能研究”、“适应性学习策略和算法研究”、“智慧学习环境的教学策略和教学案例设计研究”是当前最受关注的研究主题，并指出“伴随着新技术的教育应用，智慧教室环境、新技术支持下的创新教学，以及师生

① 许亚锋，张际平. 面向体验学习的未来课堂设计［J］. 中国电化教育，2013（4）：13-19.

对学习环境的体验等逐渐成为研究热点”①。

二、智慧教室与课堂教学变革的内涵与模式

1. 智慧教育环境下的智慧教室

“智慧”一词在《现代汉语词典》中的解释为“辨析判断、发明创造的能力”，《剑桥国际英语词典》中将“wisdom”一词定义为“利用知识与经验作良好决策判断的能力”，而知识管理领域通常将“智慧”界定为一种面向未来的创新能力。从 DIKW（data-information-knowledge-wisdom）模型（如图 1-1 所示②）可以看出，从数据、信息、知识到智慧的演变，对情境和理解力的要求随之增强。Easterbook 指出，要完成从数据、信息、知识到智慧的转换，不仅仅需要相关的背景知识、情境知识和缄默知识作为支撑，还需要学生的主动理解才能完成。知识、信息、数据都是面向过去的经验，而智慧是面向未来的创新。

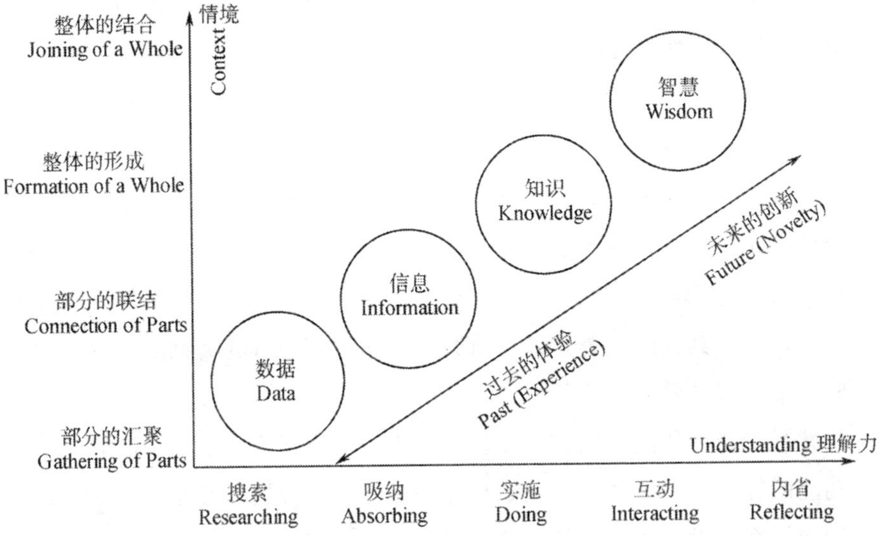

图 1-1　智慧：面向未来创新能力

---

① 李葆萍，江绍祥. 智慧学习环境的研究现状和趋势——近十年国际期刊论文的内容分析［J］. 开放教育研究，2014（10）：111-119.

② Easterbook, S. What is climate informatics?［EB/OL］.

基于以上分析，我们得出，智慧教育追求的核心是技术和教育的深度融合，进而实现教学模式的创新、教学组织形式的创新、教学内容的创新、内容呈现方式的创新、教与学关系的创新。

图 1-2　智慧教室场景图

我们就以华中师范大学国家数字化学习工程技术研究中心结合数十年的教育信息化建设与应用研究经验打造出的智慧教室为例，来阐述智慧教室的内涵和特点。该智慧教室的核心平台是 star C 云端一体化学习平台，是以物联网、云计算和大数据为基础建设的新型课堂教学环境。在教学空间上，支持对物理空间和虚拟空间的无缝缝合；在教学过程上，支持对课前、课中和课后的全面覆盖；在教学内容上，支持对不同学科资源的便捷使用；在教学模式上，支持对教学活动各相关主体间的良好互动，支持教学流程的重组与模式创新，如图 1-2 和图 1-3 所示。

图 1-3　智慧教室教学情境

2. 智慧教室的特点

智慧教室作为一个新型课堂，是未来教育的主阵地，融入了先进理念和技术，充分关注教与学主体的自由发展。具体表现为：采取多屏显示，能提供多种媒体进行教学，可实现无线上网、分区、协作和互动学习等功能；课堂设计更加注重人性化，适合不同教学、学习或交流方式的需要；支持虚拟加现实课堂的实施，现实与虚拟的教与学主体可以在网络空间中参与在线课程、交流等。

智慧教室的特征具体包括：云端一体化、互动多样化、模式多元化、行为可视化、学习协作化和管控智能化。

(1) 云端一体化。将 star C 教育云平台与物理课堂有机结合，通过云盒对用户终端进行集中管理与控制，实现对海量优质资源、智能学科辅助工具、在线学习社区及第三方应用的快捷访问，支持云端一体化教育教学。

(2) 互动多元化。提供多种形式的互动教学，既包括远程课堂互动，也包括课堂内师生之间、学生之间通过智能终端进行视频、语音、图像和信息等全媒体互动。

(3) 模式多元化。支持教师按需选择不同的教学模式，既支持以教为主的传统授课模式，又支持以学为主的“翻转教学”、“补救教学”、“探究教学”等多种个性化教学及混合教学模式，还支持信息技术与学科教学深度融合的创新教学模式。

(4) 行为可视化。全过程记录线上线下教与学的行为数据，基于大数据分析，实时自动输出可视化分析报告，为教师提供改进教学策略的依据，为学生提供个性化的学习指导。

(5) 学习协作化。通过创设虚拟情境，支持分组协作学习，开展全方位、多层次、多角度的互动交流，引发学生思维碰撞，在创新过程中促进学生的知识建构与共享。

(6) 管控智能化。支持对教室环境中的所有视听、计算、显示、交互、光线、温度等物联网设备进行智能化管控。支持通过校园一卡通和电子课表，实现教学资源智能推送、数据自动收集。

第三节 智慧教室环境下课堂教学变革的方法与路径

不同于传统教学，智慧教室遵循“以人为本”和“以学生为中心”的教育理念，其教学主客体、教学模式、教学空间、教学评价等都发生了改变，已经成为当前教育发展的新方向。

一、课堂教学主客体的变化

1. 传统教学模式下的主客体关系

无论教师采用怎样的教学方式，学生作为课堂教学的主体，他们的状态与接受度，都对教学效果有着直接的影响。

传统的课堂教学经常会采用讲授式教学进行知识传授，在这种单一导向和单一评价的教学模式中，教师处于主体地位，学生处于客体地位。通常是由教师进行单方面的知识讲授，学生坐在教室里被动地接收老师所讲的知识，学习状态是被动的、消极的。美国著名学者埃德加·戴尔（Edgar Dale）于 1946 年提出了“学习金字塔”的理论，指出学习效果在 30%以下的，都是个人学习或被动学习，而学习效果在 50%以上的，都是团队学习、主动学习或参与式学习①。对于“听讲”这种我们最熟悉最常用的方式，其学习效果却是最低的。另外，由于受到教学环境、教学资源的限制，学生除了听教师讲课，没有其他的途径去获取、探索相关知识，导致教师的主体地位进一步加强，使得学生处于被动的状态。这种填鸭式的教学方式，忽视了学生的个性和学习体验，漠

---

① 莫云根. 基于学习金字塔理论的信息技术教学研究［J］. 中国教育技术装备，2016（15）：3-4.

视了学生的探索热情与能力，抑制了学生的学习积极性与创造力，不利于学生的全面发展①。因此，需要对这种主客体关系进行变革，突出学生的主体地位，使之更加有利于学生的发展。

2. 智慧教室环境下的主客体关系

在日新月异的大数据时代，国家越来越重视培养适应信息社会需要的创新人才，更加重视培养学生的责任意识、创新精神和实践能力，传统的以教师为中心的教学模式已经无法满足时代的要求以及学生群体的需求。因此，需要改变传统的教师处于主体而学生处于客体的教学模式，当学生成为教学的主体后，才能由被动的学习转变为主动的学习，才能在学习中充分发挥积极性与主动性，提升解决问题的能力，如图 1-4 所示。只有以学生为主体来开展教学，才能更好地培养学生的实践能力与创造力，激发学生的学习兴趣，提升学生的学习能力。

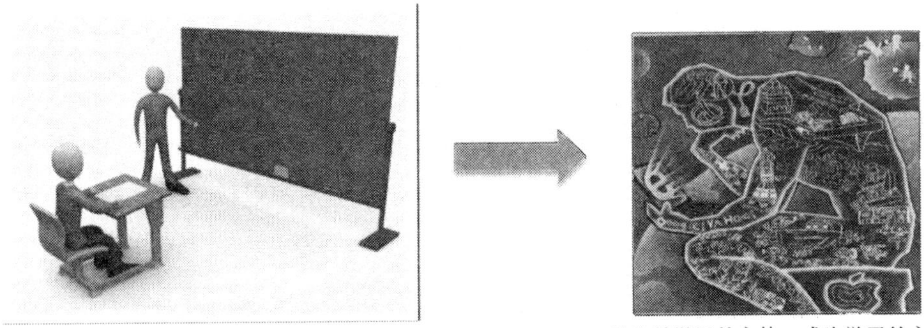

教师处于主导地位　　学生是学习的主体，成为学习的主人

图 1-4　教学主客体关系转变图

主客体的变化不仅仅是一个角色的变化，它更加注重思想意识上的转变以及教学方式的改变。但是在具体的课堂教学中，转变教学观念和教学方式，将学生作为真正的主体，这并不是一件简单的事情。如何真正地将这一教学模式落到实处，需要教师首先对自己的角色有一个清晰的认识与定位。NETP 2016（美国国家教育技术规划 2016）指出，教

① 赵建平. 个性教育浅析 [J]. 群文天地，2012 (12)：135-136.

师可以成为学生学习的向导、促进者和激励者①。在智慧教室所带来的这样一种交互式教学环境下，教师的角色发生了很大的转变。教师由知识的占有者逐渐变为学习活动的组织者，由知识的传授者逐渐变为学习的引导者，由课程的执行者逐渐变为课程的开发者，由教教材逐渐变为用教材教，由教书匠逐渐变为教育研究者，由知识固守者逐渐变为终身学习者。教师的转变会带动学生的转变，会促使学生进行积极、主动的学习，学生由知识的被动接受者转变为主动的意义建构者，学生是学习的主人，教师不再是课堂的决定者，而是学习的组织者、引导者和合作者。作为学习的组织者，教师应创设学习情境，营造积极的课堂氛围，合理组织学习内容，给予学生自主、探究、合作的学习空间，组织学生参与教学活动；作为学习的引导者，教师应激发学生的学习兴趣，引发学生的思考，引导学生进行自主探索与合作交流；作为学习的合作者，教师应在学生学习过程中给予一定的帮助与支持，及时给予学生反馈、建议或鼓励，与学生平等和谐地交流，分享学习成果。能提供丰富教学资源和教学工具的交互式智慧教室，正好能对教学主客体关系的改变起到有效的支持与促进作用，从而提升学习体验和教学效果。

教师除了对自己的角色有一个清晰的认识与定位之外，还应该认识到教学主体——学生群体的变化。随着时代的进步，社会、科技的迅猛发展，现在的学生群体已完全不同于以前。由于教学工具、教学资源以及教学环境等诸多因素的限制，以前的学生获取信息、探索知识的途径较少。如今，我们的教学所面对的是庞大的互联网原住民群体。现在的学生是在网络快速普及的环境中，伴随着互联网成长起来的，他们从小就和互联网打交道，互联网对于他们来说，不仅仅是一种工具，更是一种学习方式、生活方式。由于学生群体的角色特点发生了变化，传统的讲授式教学模式已不再适合现在的学生，他们获取信息的途径越来越多，获取信息的能力也越来越强，互联网改变了他们的思维方式。他们

① 赵建华，蒋银健，姚鹏阁，李百惠．为未来做准备的学习：重塑技术在教育中的角色——美国国家教育技术规划（NETP 2016）解读［J］．现代远程教育研究，2016（2）：3-17.

的学习风格、学习习惯、认知方式以及行为模式与以前的学生群体完全不同。现在的学生知道得更多，在广泛接触各种信息资源的基础上形成了多元的价值观念。由此可见，现在的学生群体与以前的学生群体相比，变化非常大，他们的思维更加活跃，需要更加灵活和个性化的学习环境与学习方式。学生群体的变化也带来了一种新型主客体关系的需求，在教学中，需要给予学生更多个性化自主探究和开放式协作学习的空间，尊重学生的主体地位，充分发挥学生的积极性，激发学生的学习兴趣。智慧教室这样一种个性化、开放式的教学环境恰恰能够满足新型主客体关系的需求，支持师生开展创造性的教学活动。

二、智慧教室环境下教学空间的创新

1. 教学空间的变化发展

传统的课堂教学时间一般局限在40～50分钟这样一个固定的时间段里，传统课堂教学的场所一般也局限在实体教室这样一个物理空间中，而固定的时空范围有可能局限学生的创造性思维与主观能动性的发挥。由于教学理论的不断发展，教学的重心从老师的“教”转移到学生的“学”，因此，对学习环境的创设也越来越受到重视。随着信息化时代的到来，教育与信息技术的融合，为传统课堂教学的时空拓展与延伸提供了无限的可能。物理空间与虚拟空间的结合，线上与线下的结合，使得教学突破了时空的限制，变得更加开放，更加可视化。

2. 教学空间的拓展延伸

信息技术支持下的智慧教室学习环境，以教学工具、教学资源和教学活动为支撑，通过大数据分析来了解学习者的学习需求，个性化地支持学习者的学习，为学习者智慧发展提供了有利环境。

（1）虚拟课堂与物理课堂的结合

以智慧教育的理念为指导，以云计算、大数据、物联网等新一代信息技术为依托所创设的智慧教室，实现了虚拟课堂与物理课堂的连接，使教学突破了时空的限制，教师与学生都拥有个人云空间，并且各个空间是互相联系的，为教学提供了各种集成化的有效服务，可以进行资源的共享以及交流互动等。学生随时随地都可以进行自主学习，线上线下相结合的教学方式使得教学活动更加开放化，学生有了更多的自主探究与小组协作的空间，有利于培养学生的实践能力与创新精神，满足不同的学习需求，促进深层次的学习。

（2）正式学习环境与非正式学习环境的结合

以云为依托的智慧学习环境，支持教与学的线上、线下一体化，通过互联网和云技术，初步实现了学校、户外、家庭一体化学习环境的形成，如图 1-5 所示。

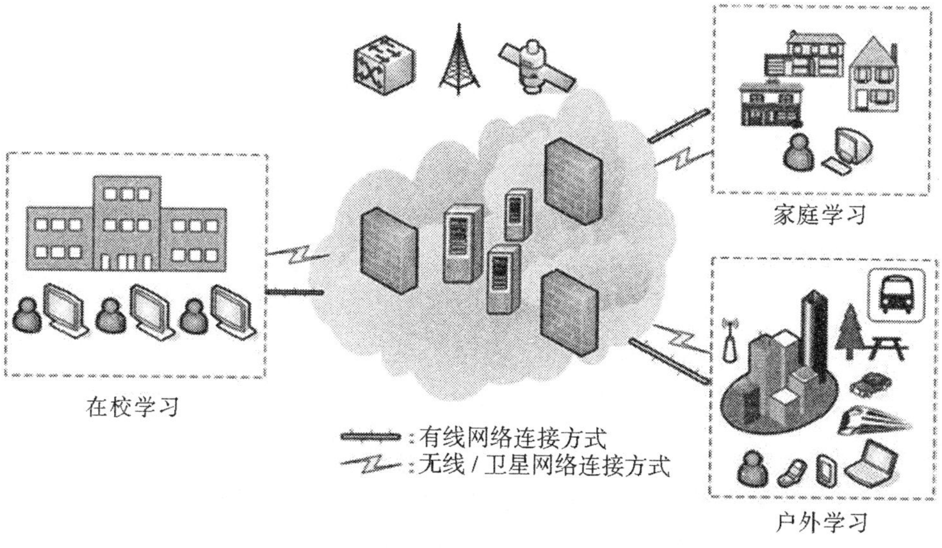

图 1-5　学校、户外、家庭一体化学习环境图

在过去，我们提到学习环境，通常会想到学校这样一种正式的学习环境。现在的学习环境，除此之外还包括非正式学习环境。对于现在的学习者而言，不仅要关注他们的正式学习环境，还要关注他们的非正式学习环境，应该将二者进行一种有机的连接。NETP 2016 也强调了非正式学习环境的重要性，非正式学习环境让学生在实践中应用所学到的知识，有利于促进深度学习。此外，非正式学习环境对于培养学生的终

身学习能力具有无可替代的作用①。智慧教育理念所提倡的学习，不再局限于传统的课堂教学，而是非正式学习与正式学习相结合的学习，将课堂延伸、拓展到课外，科技馆、博物馆、图书馆等公共文化服务场所成为学校教学活动的重要支撑。这样一种全新的云端一体化智慧学习环境，是一个充分发挥学习者的主动性、积极性、创造性，促进学习者和谐、自由发展的教学环境，它将教学的四个空间，即学校、网上、家庭、户外，进行了打通和连接，学习者可以随时随地进行自主式个性化的学习，是一个开放、自由并以学习者为中心的环境。

三、面向学科的智慧教学

每个学科都有自己的特色，不同的学科，教学方法也不一样。教师在进行教学设计和开展教学活动时，应充分考虑到学科本身的特点。借助智慧教室，教师可以打造面向学科的智慧学习环境，充分借助学科工具和学科资源，基于学科本身，进行相关教学方法和模式的创新与实践。

1. 学科教室

新一代信息技术的发展为学科教室情境创设提供了支持。随着科技的发展，基于智慧教室环境下的学科教室的创设，为学科教学创造了体验式的教学环境，使得教学更具有学科特色和学科氛围，有助于学科教学。学科教室的创设基于学科的特点，充分应用图片、仪器、模型和多媒体交互设备等各种教学工具和资源，结合信息技术，将学科元素注入学科教室，构建学科情境，打造具有学科特色的教学环境②。学科教室充分利用云计算、大数据、物联网等新一代信息技术，拓展延伸实体教室，将线上线下学科资源相结合，创设具有丰富多样的教学资源的学科

① 赵建华，蒋银健，姚鹏阁，李百惠．为未来做准备的学习：重塑技术在教育中的角色——美国国家教育技术规划（NETP 2016）解读［J］．现代远程教育研究，2016（2）：3-17.

② 施建国．创新学习空间，培育核心素养——以学科教室之变提升学科教学魅力［J］．浙江教育技术，2016（6）：3-5.

教室情境。在空间的设计上，改变了传统的授课型教室格局，更注重空间的灵活性和多样化，比如采用可自由移动的桌椅、智能学习终端、交互式电子触屏等，给予学生充分的自主探究、合作学习的空间，满足个性化教学的需求。

在学科教学情境体验下的教学，构建了个性化的学习环境，使学习变得生动有趣，让学习更具有吸引力。学科教室为师生提供了交互式的情境体验教学环境，营造了沉浸式的学习氛围与学习体验，有助于教学内容、教学方式的创新，提升了学科教学的魅力。

2. 学科工具以及学科资源的支持

传统的教学中，学科资源与学科工具都相对较少。随着信息技术的飞速发展，以云技术为依托的云空间，集成了丰富的学科资源与学科工具，对教师的开放式教学和学生的自主式学习都起到了很好的支持作用。传统教学环境下，学生只能通过仅有的几本教辅资料来进行课前预习和课后学习，关于教学内容中一些抽象的知识点，也只能听教师口头描述。现在，在云端一体化学习空间的支持下，教师和学生都可以利用丰富的学科资源与工具来支持教学。课前，教师通过云平台来备课，基于思维导图的备课方式能够让教师在进行教学设计时更加灵活、更加便捷地整合和调用资源。教师在课前将相关学习内容和学习资源推送给学生，学生通过云平台来进行课前预习，云平台中丰富的学习资源能够很好地支持学生的个性化学习，激发学生的学习热情。在课中，教师可以利用学科工具，比如数学学科的几何画板、化学学科的虚拟仿真平台等学科工具，将抽象的知识以过程化和可视化的形式展现给学生，让学生参与到知识产生的过程之中，深化学生对教学内容的理解，提升学生的学习体验和学习效果。教师还可以通过一些 APP 应用以及互联网资源来帮助教学，使教学的内容更加丰富，形式更加灵活多样。戴尔的“经验之塔”理论指出，教育教学最大的失败，在于要求学生记住许多普通法则和概念时，没有具体经验作他们的支柱。教育应从具体经验入手，逐步上升到抽象经验。当学生积累了一些具体经验，并能够理解真实事物的抽象表现形式之后才能有效地参与更加抽象的教学活动。在智慧教室教学环境下，现代化的高科技教学设备以及丰富的学科资源与学科工具，使得教学更为具体、直观、可视化，从而使学生获得更多的抽象经验。

四、基于大数据的形成性评价

形成性评价是相对于传统的总结性评价而言的。形成性评价的目的是激励学生学习，帮助学生有效调控自己的学习过程，使学生获得成就感，增强自信心，发展学生的潜力，改进学生的学习方法。多元智能理论认为，人的智力不是单一的能力，而是由多种能力构成，因此，教学的评价方式也应多元化。不同于传统教学以分数来衡量学生，形成性评价则从多角度、多元化的途径，从学习态度、积极性、创造性、习惯、兴趣和方法等多方面进行综合的评价。

传统的总结性评价，信息相对滞后，不便于教师和学生对教学或学习做出及时的调整与改进。例如，在传统的教学模式中，教师需要在周考或者月考之后才能全面、细致地了解到学生的学习情况，然后以此来调整自己的教学方式与教学目标。在智慧教室环境下，通过数据分析，学生可以对自己的学习情况进行实时诊断，调整自己的学习内容与学习目标，进行更有针对性的学习。云平台根据对学习者的学习数据分析，给学习者推送符合需求的学习资源与学习建议，为学习者制定个性化的学习方案，让学习者获得更优化的学习服务，为接下来的学习提供支持。大数据分析可以帮助教师对班级整体学习情况进行诊断，让教师能够更好地为学生提供针对性的个性化指导，同时，教师可以从各种数据中得到关于教与学的信息，这些信息也可以促使教师进行教学反思，以此来改进自己的教学，动态地调整自己的教学设计，提高教学效率，优化教学效果。过程性数据的应用能使教学处于一种灵活的动态的形式，在这样一种状态下，教学流程更加柔性化，学生对学习内容掌握得更好。

在智慧教室环境下，形成性评价的方式也更加的多样化，由于课堂延伸、拓展到了课外，评价范围也随之进行了延伸、拓展。教师通过云平台、社交软件可以对学生的课外自主学习给予反馈与建议，激发学生的学习兴趣，指导学生的学习。教学过程中，教师对学生除了可以进行口头评价之外，还可以通过云平台与学生进行互动，并对学生进行线上评价，以此来鼓励、帮助学生学习，增加学生的自信心与成就感。在教学过程中产生的实时评价，可以使学生明白自己的问题所在以及接下来的努力方向，适当调整自己的学习状态和学习进程。

此外，校领导也可以通过大数据来了解学校的整体教学质量，大数据对学校领导的科学决策提供了有效的依据与支持。在传统的教学环境下，学校与家长很难及时沟通，家长主要通过成绩单、家长会、打电话这几个方面来了解学生的学习情况。在智慧教室教学环境下，家长可以通过云平台中的家长空间来了解学生的学习情况，实时与学校教师进行互动。基于智慧教室环境下的教学模式改变了家长在学生学习中的被动角色，增强了家校互动，将家长纳入到教学活动中，充分发挥家长的作用，使之成为教学活动的协助者。基于大数据的形成性评价，将学生、教师、校领导、家长等角色进行有机整合与连接，如图 1-6 所示。教学

图 1-6　智慧教室基于大数据的形成性评价

不再是一个固定的单一的状态，而是一个动态的开放的系统。

五、教学流程再造与教学模式创新

1. 教学模式的发展变化

在传统的课堂教学中，教师都有着固定的教学模式，一般是复习、导入、新课讲授、练习、总结这样的流程，其特点是教师灌输知识，学生被动机械地接受知识。循环往复地用这样一种固定的教学模式来开展教学，在一定程度上阻碍和压抑了学生的积极性与创造力。由于传统教学模式存在弊病与局限，对教学模式的变革与创新十分必要。随着时代的飞速发展，互联网已渗透到我们生活的方方面面，在这样的时代大背景下，教学也逐渐突破了时间和空间的限制，学习者可以随时随地进行学习，学习方式发生了巨大变化。教学模式也从单一向多样化发展，由以“教”为主向以“学”为主的教学模式发展，教学流程也变得柔性化了，教师在课堂教学过程中，并不一定要按固有的教学模式进行教学。

2. 智慧教室教学环境下的课前、课中、课后教学模式

技术革新下的智慧教室形态，为师生提供了更加开放、个性化、可视化、更具技术性的教学环境，为教学模式的创新创造了良好的条件。在智慧教室环境下，教师不再依赖单一的传授式教学，而是采用灵活的多样化教学方式。智慧教室教学环境下的课前、课中、课后教学新模式，对教学流程进行了重构与再造，改变了传统教与学的方式，以学生为中心，支持多样化、个性化的学习方式，并在整个教学流程中都给予教师、同伴以支持与帮助，在教学形式上注重小组合作学习和讨论，课堂互动丰富多样，营造了一个良好的学习氛围，提升了学生的学习参与度。教学流程的再造使学生获得了主体地位，充分提高了学生学习的积极性和自主性，带来了一种全新的高效互动教学模式，学生拥有了更多参与机会，学习途径更加多样化，更有利于促进学生的深度学习，更加

符合教学发展的趋势与需求，如图 1-7 所示。

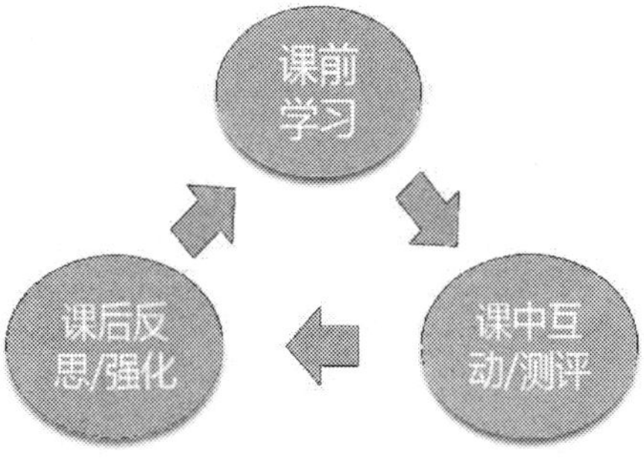

图 1-7　课前、课中、课后教学流程图

在课前，主要是学生进行自主式、个性化学习，教师为学生提供相应的教学资源以及在线的辅导，以此来帮助和支持学生的自主学习。学生可根据教师提供的自主学习资源以及自己在网络上查找的资源，按照自己的节奏来学习。学生是学习的主人，学生能根据自身情况来安排和控制自己的学习，不再单纯依赖教师的讲课，学生不再被动地接受知识，而是主动地获取知识、思考问题。在学生完成课前的学习后，教师通过云空间记录与收集的大数据来分析学生的课前学习状况，并依据学生的掌握程度来安排课中教学的内容。教学大数据的支持能让教师更好地掌握学生的学习情况，有利于开展针对性的个性化教学，提升教学效果和学习体验。有了课前学习的基础，学生在课堂上就有了更多的自主探究、合作学习的空间，学生通过自主探究和小组合作来加深对知识的理解，进行知识的内化，运用所学知识开展实践活动，师生、生生之间有更多的时间进行交流、讨论、开展学习活动。课堂成为互动、交流、讨论的场所，教师有更多的时间回答学生的问题，引导学生发现问题、解决问题，支持学生开展小组协作学习。教师还可以通过学习云平台来对学生进行课堂测评，实时了解学生的学习状况并进行及时的反馈，根据数据分析来了解学生的学习需求，诊断学生的学习问题，为学生提供个性化的辅导。多元智能理论主张教师在教学时应更多地关注学生，从

① 孙忠梅，吴晓凤. MOOC、翻转课堂与教学流程再造研究［J］. 成人教育，2015（6）：53-56.

促进学生全面发展的方面去考虑问题，教师应努力培养学生的多种智能，而不仅仅是完成教学大纲的要求。智慧教室环境下的教学，在关注学生知识获得的同时，更加重视能力培养和协作交流。在课后，云平台可以推送符合学习者学习特征和需求的学习资源，帮助学生进行课后学习、拓展探究，学生也可以对课堂上的内容进行反复观摩、学习，并与同伴、教师进行在线交流。教师可以通过数据来分析学生学习中的问题及其成因，对本节课进行教学反思，优化下节课的教学内容与教学活动。

传统的教学模式在充分考虑学生的学习情况和学习需求方面略显欠缺，与传统的教学模式相比，基于智慧教室环境下的教学模式更柔性化、更开放，如表 1-4 所示。智慧教室环境下，丰富多样的教学资源、各种智能终端以及教育云平台都为个性化、创造性、开放式的教学活动创造了有利条件，并给予了有效支持，在这样一种交互式的信息化教学环境下，教师能够更好地开展高效互动的多样化教学，学习者能够更好地参与到教学中，从而获得更好的学习体验。

表 1-4　传统教学模式与课前、课中、课后教学模式的对比

名称 类别	传统教学模式	课前、课中、课后教学模式
课堂中心	以教师为中心	以学生为中心
教学过程	以实体课堂为主	课前、课中、课后相联系
教学方式	以传授式为主	多样化教学
教学评价	以总结性评价为主	注重形成性评价
学习方式	被动、接受式学习	主动、个性化学习

第二章

基于思维导图的学习活动组织模式与方法

思维导图作为一种有效的教学工具，在教育中的应用越来越广泛。随着信息技术的普及推广和工具软件的不断推出，思维导图已经成为信息技术与课程整合的有效手段之一。但是，什么是思维导图，它有哪些教学功能；作为一种组织教学的工具，它是如何帮助教师规划课堂教学的；作为一种学习工具，它又是如何促进学生知识建构的。这些都是本章将要重点探讨的问题。

第一节 思维导图与以学习活动为中心的教学设计

一、问题的提出

根据目前我们对一线课堂教学的观察，在教学过程中，学生学习的收获大多停留在单个知识点层面，而学生对知识的内在联系和知识在认知过程中的建构方式是相对模糊的。这反映出教师在教学设计中存在以下几个问题：

（1）呈现知识的方式比较机械和单一，不能体现知识的系统性，使知识表征显示出一种零散的、局部的状态。

（2）对学生学习知识结构和知识梳理过程关注不够，知识点之间的逻辑关系不清晰，缺乏系统建构的设计思路。

（3）较多关注知识内容本身，很少会体现学生的思维过程，或对于学生学习过程中的深层思维及其中存在的思维障碍没有呈现与表达出来。

经过对思维导图的研究，我们认为，运用思维导图进行教学设计，既能较为清晰地表征知识点与其架构，促进学生对知识系统地吸收，又能根据知识架构更为合理地设计教学活动，从而引导学生利用学习资源主动建构知识，进行有意义学习。

二、思维导图

思维导图（mind map）又称心智图，是英国教育学家托尼·巴赞（Tony Buzan）在20世纪60年代提出的，“思维导图是放射性思维的表达，因此也是人类思维的自然功能”①。它作为有效表达放射性思维的图形工具，能以简单却又高效的方式快速激发大脑的潜力。大脑强大的存储力为人们积累了许多信息和知识，每一次信息进入大脑时，都成为一个思想中心，与其他信息建立关联，形成向外散发的网状结构。而每一个发散出的节点，又可以成为新的中心，并且系统化地存储起来，加深记忆和理解，也加快大脑处理信息时的工作效率。

托尼·巴赞发现，人们在平常记笔记的时候，几乎都使用了符号、文字和线性的模式，单调的笔记列出来的东西看上去没有条理和重点，重要的词汇被分离开，出现在不同的句子、段落甚至页面上，非常不利于大脑处理信息，阻碍人的记忆和联想，更不利于增进创造力。其实，学习的难易程度，常常取决于数据处理的集中性、放射性、组织性。思维导图作为一个活跃思维的图形工具，提供了一个快速有效的学习方法，促使大脑自如地思考，不论是用在项目计划、问题解决、方案制定、会议管理，还是个人的知识管理上，都能大大提高效率，节省时间，发挥出令人惊喜的效果。

思维导图在层级结构上有这样四个基本的特征：(1) 注意的焦点清晰地集中在中央图像上；(2) 主题作为分支从中央图像向四周发散；(3) 分支由一个关键图像或者印在相关线条上的关键词构成，比较不重要的话题以分支形式表现，附在较高层次的分支上；(4) 各分支形成一个相互连接的节点结构②。

思维导图常与概念图相提并论。对于概念图的定义，上海师范大学黎加厚教授解释为“指利用图示的方法来表达人们头脑中的概念、思想、理论等，把人脑中的隐性知识显性化、可视化，便于人们思考、交流、表达”③。Jonassen，Beissner 和 Yacci 从认知心理学角度进行阐述，认为概念图是“概念和概念间关系的表示方法，这种方法可以再现人们

① 托尼·巴赞. 思维导图——放射性思维［M］. 李斯，译. 北京：作家出版社，1999.

② 托尼·巴赞. 思维导图［M］. 叶刚，译. 北京：中信出版社，2009：34.

③ 黎加厚，齐伟. 话题：概念地图在中小学教学中的应用［J］. 信息技术教育，2003 (9)：34-36.

头脑中的知识结构”[1]。此外，概念图还被定义为“一种用于知识探究、信息搜索和信息共享的特殊图表形式”[2]。由此，我们可以明确，概念图是基于多个概念和概念间的联系，形成一个清晰的组织和表征知识的网络，强调概念间的层次和关联。而思维导图是从一个中心词开始，按分支和层级逐渐向外发散相关的知识和联想，建立一个有序的意义图形，从而呈现思维过程，激发人们思考和理清思维的脉络。

三、思维导图在教育中的应用

1. 思维导图作为教学设计的工具

作为一种图形化的表达工具，思维导图可以用于呈现一系列学习任务的设计。它不仅能清晰呈现一项特别任务的序列，同时还可以呈现具有类似结构的任务群。这种任务的呈现方式可以使教师以宏观和全局的视角把握设计内容，并且根据不同的情境和不同的教学目标实现学习任务、情境和目标的完美结合。

2. 思维导图作为教学策略的工具

思维导图作为一种认知工具，不仅学生可以利用它提高学习效率，教师也可以利用它作为一种教学策略以提高教学效率。这种教学策略的应用能帮助学生有效地组织、优化和整合学习内容。通过基于思维导图的学习，学生能将零散的知识结构化、条理化和系统化，并能得到创造性思维的训练。

3. 思维导图作为学习策略的工具

思维导图可以作为知识表征的工具，以简洁明了的图形形式来表现

① David H. Jonassen, Katherine Beissner, Michael Yacci. Structural Knowledge: Techniques for Representing, Conveying, and Acquiring Structural Knowledge [EB/OL].

② 概念图定义 [EB/OL].

复杂的知识结构，形象地呈现各知识点之间的联系，包括新旧知识间的关系，确定因果联系，区分概念的有限次序和组织关系，显示其他有意义的观点模式，产生有意义的学习，从而提高学生对概念的理解。思维导图有利于激活整合过程并使意义更加清晰，同时也更强调概念之间的关系。

4. 思维导图作为高级思维的工具

教师可以利用思维导图引导学生进行比较、分析、假设、推断、综合等思维活动，并用来支持问题解决的过程。

四、以学习活动为中心的教学设计概述

北京师范大学杨开城博士在《以学习活动为中心的教学设计理论》中谈到，教学设计主要是运用系统方法，依据学习理论和教学理论的基本原理，为实现一定的教学目标而寻找解决方案的计划、开发和评价的过程；教学设计的基本任务是通过解决教学问题来促使教学趋向最优化①。这就决定了教学设计的对象是教学系统。

由于教学设计是以解决教学问题、优化学习为目的的特殊设计活动，它既具有教学设计的一般性质，又必须遵循教学的基本规律，因此，它具有如下特征：

（1）教学设计应用系统方法研究，探索教与学系统中各个要素之间及要素与整体之间的本质联系，并在设计中综合考虑和协调它们的关系，使各要素有机结合以完成教学系统的功能。在教学设计中，如果不考虑影响解决方案实施的各个要素及其相互之间的关系，那么设计出的解决方案就无法达到预期的目标。

（2）教学设计的研究对象是不同层次的教与学系统，包括促进学生学习的内容、条件、资源、方法、活动等，教学设计就是对影响教学效果的各个要素进行具体计划。

---

① 杨开城，杜立梅. 基于活动的教学设计理论中学习内容分析和活动设计方法的探究［J］. 中国电化教育，2003（8）：20-24.

（3）教学设计的目的就是将诸如学习理论、教学理论等基础理论转换成解决教学实际问题的方案。它不是为了发现客观存在的、尚不为人知的教学规律而去创造性地解决教学中的问题，而是运用已知的教学规律去创造性地解决教学中的问题。教学设计的成果是经过验证的、能实现预期功能的教学系统实施方案，包括教学目标、为实现一定的教学目标所需要的教学活动、实施计划以及相关的支撑材料。

（4）教学设计具有动态性和开放性。教学设计本身就是一个动态发展的概念，它不断汲取相关学科和领域的研究成果，拓展自己的研究和实践领地，从而使自身逐渐走向成熟和完善。除此之外，教学设计过程中处处体现动态和开放的特征，“反馈—修正”的不断循环就是最好的例证。正是基于这种兼收并蓄、包容宽阔的视域，教学设计才能日臻完善。

为了更清楚地解释教学设计的基本理念，下面我们将从知识观、学习观、教学的系统观三个方面来进行逐一分析。

1. 知识观

建构主义的核心观点是：知识是学习者为了维持自身平衡而主动建构的，而不是从已有的知识体系中被吸收的①。所以，知识并不具有客观性，而是人类主观建构的结果。人类学习和新知识建构过程中伴随着一系列思维、情感和行为，意义学习是建设性整合这些思维、情感和行为的基础。因此，意义学习和知识建构是高度相关的，所有的知识建构都是人们建构新意义（认知结构中的新概念及其联系）能力的延伸，而对于不同类型的知识，意义建构的过程也不尽相同。

现代知识观根据反映活动的形式不同，将知识分为陈述性知识和程序性知识。陈述性知识通常被认为是对一些对象、事件以及想法的认识，这类知识主要用来回答事物“是什么”、“怎么样”的问题。而程序性知识是没有有意识提取线索，只能借助某种作业形式间接推论其存在的知识，是关于“怎么做”的知识。乔纳森提出了第三种“结构性知识”，即“将

① Kazuo Ichijo，Ikujiro Nonaka. Knowledge creation and management，new challenges for managers[M]. Oxford：Oxford University Press，2007.

陈述性知识转化为程序性知识，并促进程序性知识的应用”的知识①。

2. 学习观

学习心理学研究表明，学习具有以下三个本质特征：(1) 具有明显的个体建构性和群体建构性；(2) 具有策略性；(3) 具有自主、自导和自律性。学习的内容包括：行为、态度、价值观、知识和技能。恰当的学习会引发知识结构的变化而促使学生发展。学习既是个体认知建构的过程，又是社会性建构的过程，是认知、情感和意志相互作用的结果。多样化的外部学习活动对学习具有非常重要的作用。丰富的学习资源、工具及多向的人际交互构成的学习环境有助于学习者的知识建构。由此，我们可以推论出教学的本质：(1) 是个别化学习和集体教学的有机结合；(2) 是以知识为内容，以学习策略为形式的组织化活动；(3) 是促使学生的学习从被动接受向主动探索转移的过程；(4) 是促使学生的学习从他导向自导、从他律向自律转移的过程。

3. 教学的系统观

教学系统是指一种旨在实现特定教学目标而组织起来的学生与外部环境（主要指课堂教学环境）进行交互的系统。其构成要素包括：学习内容和目标、学习活动、学习环境、教学媒体、教师和学生。这些要素之间的关系就形成了教学结构。系统论认为，系统的结构决定了功能，因此，教学结构也决定了教学系统的功能和特性。

教学系统的结构随时间而变化是设计面临的一个难点。如果能将教学系统看作是学习活动的组合，而每个学习活动内部，系统的结构相对稳定，这样就可以先设计活动，再将活动组合成教学系统，既满足了教学系统随时间变化的特性，又降低了设计的难度。通过设计不同的学习活动，很容易实现“由他导向自导”、“由他律向自律”的转移。

---

① David H. Jonassen，Katherine Beissner，Michael Yacci. Structural Knowledge：Techniques for Representing，Conveying，and Acquiring Structural Knowledge [EB/OL].

一般而言，教学设计的主要内容包括教学目标设计、学习者特征分析、教学内容设计、教学环境设计、教学资源设计、教学模式与策略设计、教学评价设计等方面。而在实际课堂教学中，我们重点围绕的设计对象是学习活动、学习环境和知识传递。

学习活动是指为了促进学习者有意义的学习，在学习过程中，专门针对某个主题而设计的学习活动项目，包括事件、任务和相关的系列行为。以学习活动作为基本设计单位的优点在于，通过增加活动内部的可选性和可选活动的数量，在设计理论上可以做到全面关注学生的个体差异和性格培养。

五、以学习活动为中心的教学设计过程

以学习活动为中心的教学设计主要涵盖四个阶段：分析、设计、实施与评价，四个阶段按时间顺序进行，前一段工作是后一段工作的前提，过程流程如图 2-1 所示①。

1. 前端分析

教学系统设计的核心任务是设计教学以便引导学习者的学习活动，因此，分析教学活动系统是首先要做的工作。教学设计的前端分析包括教学问题分析、学习内容分析、学习者特征分析和教学目标的确定。

教学问题分析主要通过系统的调查研究达到目的，同时要考虑教学中对资源的需求与现实的限制等因素。良好的分析结果可以指明教学或学习中要面对的主要问题，以及通过怎样的途径有效地解决问题。

学习内容分析和学习者特征分析两个过程为并列过程，不分先后。早先教学设计理论中的学习内容分析方法，主要用来确定学习内容的学习顺序；以学习活动为中心的教学设计则需要设计者将学习内容中的知识点提炼出来，并且绘制成“知识点网络图”。在绘图过程中，对于概

---

① 谢幼如. 教学设计原理与方法［M］. 北京：高等教育出版社，2016：136，139-140.

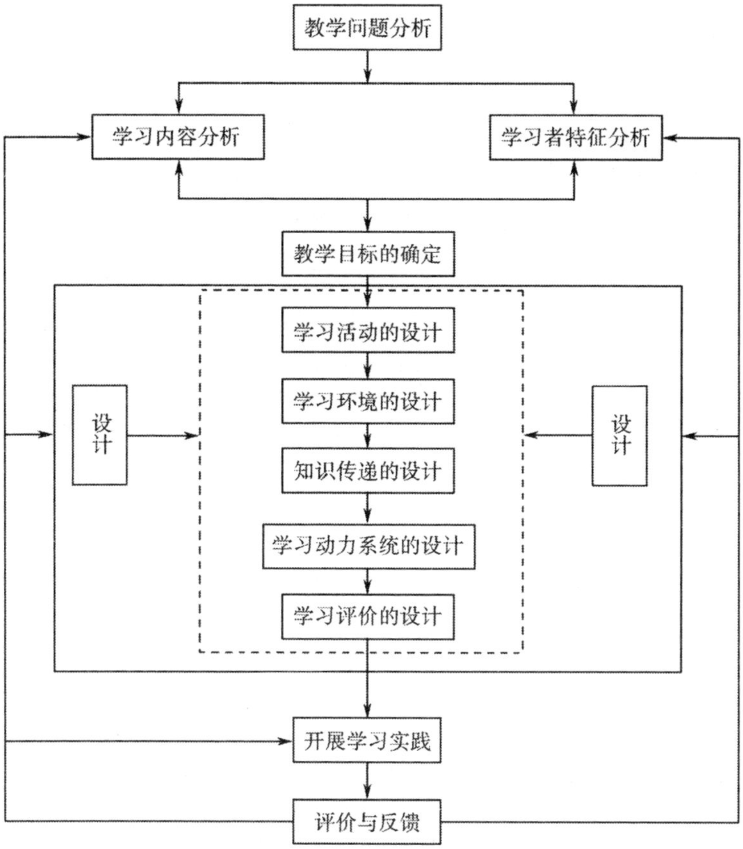

图 2-1　以学习活动为中心的教学设计过程

念类的知识点，需标明其内在关系：同位、上位或下位；对于过程和步骤类的知识点，需分解到技能层面，建立一个完整的树形结构；对于原理则需标明前提条件。我们通过“知识点网络图”就可以清晰分析出学习内容的知识结构，有助于教学设计的决策。教学的主体是学习者，教学设计的目的是促进主体的学习，使学习更高效。在教学设计的过程中，应考虑学习者具有的认知、情感、技能、社会活动等特征，这些因素都将与教学过程相互作用，对学习者的知识构建过程和学习结果有较大的影响。

教学目标是教学设计的出发点和归宿。阐明教学目标，就是要确定学习者在学习活动中将要达到的学习标准或结果，并使他们组成一个层次分明的体系。

2. 学习活动的设计

在以学习活动为中心的教学设计中，学习活动的设计是最为关键的环节，包括活动任务的设计、学习步骤和方法的设计、学习成果的设计、组织形式和交互方式的设计、监管规则和评价规则的设计。

活动任务是学习者应该完成的具体事项和主题。活动任务的设计，即有意识地设计学习者的活动任务，通过活动任务完成教学目标。高质量的活动要将新知识、新技能与学习者原有知识、技能、生活经验与学习兴趣之间建立联系，以促进学习者建构与共享新知识，形成正确的情感态度和价值观。

学习成果是学习者开展学习活动的结果体现。学习成果的形式多样，可以是作业、研究报告、电子作品等各种学习结果。

组织形式和交互方式的设计主要是对活动系统中主体、客体、学习群体、中介等要素之间的关系进行设计，学习活动的组织形式和交互方式一般有问题讨论、作品设计、资源搜索、作品评价、角色扮演等。

监督规则和评价规则的设计是指对整个学习活动过程进行监控和评价的步骤、方法、规范的分析与选择，目的是对学习活动实施的过程进行有效的控制、监督，并评估效果。

3. 学习环境的设计

学习环境主要包括学习资源和人际关系的组合。学习资源包括学习资料、认知工具、学习空间等，人际关系包括学习者之间的人际交往以及师生之间的人际交往。学习环境的设计为学习活动的有效开展提供必要的前提。为了最大限度地支持学习者的学习活动，首先要根据学习行为的需要确定提供哪些学习资源，维护与提供哪种人际关系。学习环境要提供方便学习者获取的资源、工具、简单的交往规则、公平的劳动分工等。教师通过人际交往来影响和引导学习者管理自己的学习活动，教师不再是个体学习的辅导者，而是群体学习的组织者和参与者。

4. 教学策略的设计

一般常见的教学策略主要包括以教为主的“先行组织者策略”、“五段教学策略”、“九段教学策略”、“示范模范策略”和以学为主的“启发式教学策略”、“协作式教学策略”等，在选择与设计以活动为中心的教学策略时要体现学教并重的教学理念，以学习内容和学习者特征为起点，与学习者的学习活动以及要求表现出来的行为紧密联系，从而更有效地指导教学。

5. 知识传递的设计

在之前的论述中，我们比较详细地介绍了知识的本质和分类。学习者的学习过程实际就是知识的建构和延伸过程。知识的传递一般遵循“传输者的知识——数据——信息——接受者的知识”模式。

6. 教学评价的设计

传统的教学评价侧重于学习结果的评价，而以学习活动为中心的评价方式、评价标准应该是多元化的，既有定量评价，也有定性评价；既有形成性评价，也有总结性评价；既有教师对学习活动的评价，也包含学习者的自我评价。

在学习活动中，学习者可以通过评价找到学习过程中出现的问题并及时调整自己的学习进度、明确学习方向，也可以通过评价来激励自己的学习，保证学习顺利进行。教师通过评价结果可以判断学习者是否完成学习任务，学习的结果是否达到教学目标。因此，以学习活动为中心的教学评价更具有目标导向、诊断导向、反馈调节和强化激励的作用。

第二节　思维导图应用于学习活动设计的理论基础

思维导图吸收了神经生物学、心理学、教育学、信息科学等各学科领域的成果，为人们的记忆、认知、学习、创造等过程提供了科学有效的方法。我们将立足于思维可视化、新意义的建构和奥苏贝尔的同化学习理论等来讨论如何用思维导图来优化以学习活动为中心的教学设计。

一、思维可视化

人类80%以上的信息是通过视觉获得的，可视化技术是指将抽象的事物或过程变成图形图像的表示方法。“可视化”一词，来源于英文的“visualization”，原意是“可看得见的、清楚地呈现”，也可译为“图示化”。可视化分为科学计算可视化、数据可视化、信息可视化①。M. J. Eppler和R. A. Burkard认为，知识可视化（Knowledge Visualization）是在科学计算可视化、数据可视化、信息可视化基础上发展起来的新兴研究领域，指应用视觉表征手段，促进群体知识的传播和创新②。一般来说，知识可视化领域研究的是视觉表征在提高两个或两个以上个体之间的知识传播和创新中的作用。可以说，知识可视化指的是所有可以用来建构和传达复杂知识的图解手段。除传达事实信息之外，知识可视化的目标还在于传输见解、经验、态度、价值观、期望、观点、意见和预测等，并以这种方式帮助他人正确地重构、记忆和应用这些知识。

---

① 赵国庆，黄荣怀，陆志坚. 知识可视化的理论与方法 [J]. 开放教育研究，2005 (1)：23-27.

② Martin J. Eppler，Remo A. Burkard. Knowledge Visualization：Towards a New Discipline and its Fields of Application. ICAWorking Paper #2/2004，University of Lugano，Lugano.

知识可视化是将认知知识“制品”转化到显性的具体知识“制品”的过程。其实质是将人们的个人知识以图解的手段表示出来，形成能够直接作用于人的感官的知识外在表现形式，从而促进知识的传播和创新。

我们之前谈到以学习活动为中心的教学设计在进行学习内容分析时，需要建构一个“知识网络图”。这其实就是知识可视化手段的一个应用表现。然而，可视化手段并不局限在知识层面，往深层发展，它还可以体现思维过程。因此，在知识可视化的基础上，我们提出了思维可视化。

思维可视化（thinking visualization）是指以图示或图示组合的方式把原本不可见的思维路径、结构、方法及策略呈现出来，使其清晰可见的过程。通俗来讲就是把大脑中的思维“画”出来的过程。

思维可视化教学体系是指以发展学生的核心素养为目标，以思维可视化为手段搭建的教学体系。教师运用思维可视化的教学理念，进行以学习活动为中心的教学设计时，可以创造有感、有用、有内涵的优质课程资源，其具体做法有：

（1）课程聚焦。思维可视化的“焦点”在知识背后的思维（策略与方法），目标是让学生“会学”。聚焦知识必然导致灌输，让学生越学思维越僵；聚焦思维才能走向发展，使学生思维能力增强，胜任学习，享受学习。

（2）重构学习活动。思维可视化课程的学习活动流程是“以考到学，学后再教，教后优化策略”，即以问题情境引导学生进行自主探究，充分活化思维，完成知识网络的初次建构并发现问题解决策略，然后教师再进行点拨、夯实、升华。

（3）规律挖掘。创设思维可视化的学习活动设计关键在于深入本质、挖掘规律。只有深入浅出的课程设计才能让学生消化、吸收和应用。

（4）思维可视。思维可视的课堂利用大脑对“图”的偏好，以图示或图文结合的方式将师生的思考过程清晰呈现出来，化抽象为直观，不但大大提高了信息的传递效率，而且使图示与大脑思维产生共振，起到了理清思路、发展思维的作用。

二、新意义的建构

认知心理学家奥苏贝尔认为，教学就是帮助学习者进行有意义的学习活动。意义学习的实质是符号所代表的新知识与学习者认知结构中已有相关知识建立起非人为的和本质性的联系，即非任意的、非字面的联系。意义学习的质量不仅仅依赖于学习者对新学内容的理解程度，也依赖于其所掌握的相关旧知识集合的质量和数量。当学习者记忆新知识或学习新材料时，如果没有将其与先前的知识建立联系，或者学习材料本身与先前的知识没有联系时，发生的就是机械学习。所以，意义学习需要具备以下三个条件：

第一，所有学习的材料必须概念清晰并且使用与学习者先前知识有关的例子呈现。思维导图有助于满足这一条件，它可以在教学之前识别出众多具体概念中概括性较强的概念，并帮助学习者将学习任务排序，那么，随着越来越多的知识被纳入不断完善的概念框架之中，知识也就变得越来越清晰。

第二，学习者必须拥有相关的先前知识，以便与新知识关联。对任何学科内容来说，三岁以后的儿童都容易满足这一条件，但若想在以后的学科课程中呈现详细具体的知识的话，就必须准确清晰地建构概念框架。因此，这前两个条件是彼此相关且都是至关重要的。

第三，学习者必须选择意义学习，即学习者具有主动地把符号所代表的新知识与其认知结构中原有的观点加以联系的倾向。这就要求教师在教学过程中激励学生努力把新的意义并入已有知识中，而不是简单地记忆概念的含义，由此让学生来选择意义学习。

通过意义学习，我们将行动、情感和思维整合成为一个整体，通过这种方式获得的知识才是我们真正掌握的知识。

为了更清楚地解释什么是意义学习，我们先来阐述意义学习的几个基本概念。

(1) 概念学习。概念是指用一个特定的符号表示和感知到关于对象或事件或其记录的规律或模式。心理学中关于概念学习（concept learn-

ing）有一个问题：究竟什么是第一位的？对规律的感知还是符号的获得？皮亚杰在他的诸多著作中宣称对规律的感知是第一位的，并且这个感知取决于学习者的“认知发展阶段”。另一方面，维果斯基（Vygotsky，1962）认为，先提供概念的符号更有助于概念的获得①。例如，当我们告诉儿童猫、狗、狮子都是食肉动物，儿童会进一步询问其他动物是否也是食肉动物，这一思维过程会加速儿童对食肉动物这一概念的获得。习得一个词的定义本质上来说是表征学习（representational learning），相反，学习一个词的意义，或者词或符号所代表的规律和模式，则是概念学习。

麦克纳马拉（Macnamara，1982）②在他的研究中展示了儿童如何获得“事物的名字”，既非事先学会这个名字代表的规律和模式，也非事先学会这个词，而是需要把这个符号和与此关联的意义二者结合起来才能合理地使用这个词。因此，意义是建立在一定情境下的，概念符号的意义往往含有一些个性的成分，因为没有任何两个人对生成概念的一系列事件（情境）的经历是完全相同的。

（2）表征学习。如上所述，表征学习是意义学习的一种形式，指学习者认识一个词、标志或者符号，并把它作为一个具体的或者一类的对象或事件的记号。表征学习可能会先于概念学习，在这种情况下，符号的学习先于这个符号所代表的对象或者事件的属性或者规律（Ausubel，1968）③。但也有例外，在上面一个例子中，儿童也许认识到狗、猫、狮子和老虎之间的相似性，然后才学会用“食肉动物”来代表这些食肉的动物。因此，概念学习也有可能发生在表征学习之前。

（3）情境认知。众所周知，我们所学的知识会受学习情境的影响。这种学习以及应用知识需要依赖于情境的现象被称为情境认知。格里诺（Greeno，1998）指出：所有的教与学都是在一定情境中发生的，关键

① Vygotsky L S. Thought and language. Cambridge，MA：MIT Press，1962.

② Macnamara J T. Names for things：a study of human learning. Cambridge，MA：MIT Press，1983.

③ Ausubel D P. Educational psychology：a cognitive view. New York：Holt，Rinebhart and Winston，1968.

问题是情境的性质是怎样的。同时，在对学生所参与的学习、理解以及推理活动进行观察之后，一些教育家已经开始致力于创造一种学习情境，让学生参与到推理和理解中来，从而达到超过仅仅学会计算步骤的目标，以及获得认知结构的目的①。

我们将思维导图视为一种教学与评估的工具，其中一个原因就是思维导图能极大地帮助教师和学生就一个词或者符号所代表的概念意义达成共识，同时也能帮助学生从掌握比较浅显的表征意义深化到掌握更丰富的概念意义。思维导图展示的不是概念的简单定义，而是一套完整的命题，而这些命题在一个特定知识领域中表现了一个概念是怎样与其他概念联系起来的。思维导图还能帮助相对娴熟的学习者共享概念意义及促进创造新的知识。

（4）命题学习。命题是由两个或两个以上的词构成的对有关事件、对象或想法的一个陈述。命题可以是正确的，可以是错误的，也可以是无意义的。命题是构成意义的基本单位。我们所获得的某一给定概念的意义，形成于包含那个概念的命题。我们把这个概念与其他概念相联系，形成的正确命题越多，表明我们对于这个概念的理解越丰富准确。这正是为什么我们要在一个连续的统一体中展示学习过程的原因，在统一体中，机械学习只是逐字背诵概念的定义，而意义学习能引导学习者在他的一生中都通过正确的命题将新概念联系起来。

思维导图是一种用来展示人们对一个概念或者一套概念中的命题关系或者意义框架进行理解的工具。如果某人能画出关于某个概念的所有可能情况下的思维导图，用思维导图展示出这个概念与其他概念之间的相互联系，那么我们就能很直观地看出此人对概念的理解情况，但这一情况基本是不可能的。事实上，没有谁能穷举那些我们所知概念的所有潜在的意义。因为一个新的情境或者一个新的相关命题都可能产生我们从未想到过的关于这个概念的新意义。此外，当我们学习某个概念时，我们会根据学习这个概念时的情感体验给这个概念做情感评价，这个评价可以被视为概念的个性化意义的一部分。事实上，每个人在建构他所

---

① Greeno J G. The situativity of knowing，learning，and research. American Psychologist，1998，53 (1)：5-26.

掌握的某领域知识思维导图时，都会发现他们其实能理解一些他们从未思考过的命题，并且发现一些概念的意义远比他们之前理解的要模棱两可，这一现象非常常见。对于老师和学习者来说，建构思维导图可以在很大程度上揭示他们所掌握的知识框架。

三、奥苏贝尔的同化学习理论

奥苏贝尔认为，同化是意义学习的心理机制。概念的学习有两种方式：概念形成与概念同化。概念意义随着概念符号间互相联系，形成命题的过程而不断深化。新概念的学习可以通过概念形成或者概念同化来实现。当新概念符号与已知的概念命题相联系时就能习得这些新概念符号的意义。也就是说，学生能否习得新信息，主要取决于他们的认知结构中已有的有关概念。意义学习是通过新信息与学生认知结构中已有的有关概念的相互作用才得以发生的。由于这种相互作用的结果，导致了新旧知识的意义发生同化。在意义学习后，同化过程并没有结束，只有通过知识不断的改组和重新组合，学习者才能持续习得并保持知识更新。

（1）渐进分化。随着意义学习的进行，大多数时候我们会发展并进一步阐述归并概念。在认知结构中精炼概念含义使得概念更加准确和具体的过程，我们称为认知结构的渐进分化（Progressive Differentiation）。通过理解型学习加入新的概念，以及对已有的认知结构的某些部分重新做结构化调整，都会在学习者的认知结构中产生渐进分化①。

在奥苏贝尔看来，概念发展最好先向学习者介绍一般性的非特指的概念，然后将这些概念按照细节和特质渐进分化。例如，在介绍“文化”这个概念时，我们可以先从讲解这样一个现象开始——老师传授给学生的知识、技能、价值观和习惯构成了人类的文化。然后，我们可以进一步讨论传统思想、宗教哲学、民间工艺、地域文化、民风民俗等，进而描述一般的文化传播的方式和介质。

---

① Martin M，Miller G，Delago J. Portfolio performance：research results from California's golden state examinations science portfolio project. The Science Teacher，1995，62（1）：50-54.

在所有的知识中，决定哪些是最一般、非特质的知识，哪些是下位概念（subordinate concepts）的知识并不是一件容易的事情。而一个好的课程设计必须先做一个领域中知识的概念分析，解析概念以及概念之间的关系，通过分析这些关系来展示哪些概念是一般的、上位的，哪些是具体的、下位的。概念是我们思考的单元，面向概念和命题的学习是教育最核心的功能。因此，我们必须从知识的海洋中把最上位和最下位的有传授价值的知识找出来排列好。

（2）整合性认同。当我们看到认知结构中产生新的关系，这个关系又能够被画成思维导图中的交叉连接（crosslink）的时候，这样的交叉连接代表了“整合性认同”①。整合性认同的概念典型地包含类似这样的理解：一个概念与另一个概念类似却又有所不同。当整合性认同发生的时候，认知结构也会发生渐进分化和提升。在寻求做整合性认同的过程中，学习者通常需要习得一个或者多个新的概念，并且把这个概念与已有的概念整合到一起，形成一致的意义。这是一个整合，因为新的概念和已有概念之间的联系一起被整合到认知结构之中。这是一个认同，因为相似的和有差异的含义一起被整合到认知结构之中。任何领域中的学习者长时间地采用意义学习时，归并、渐进分化、整合性认同几乎都是同时发生的。

我们可以看到，归并和渐进分化的结果远远优于仅仅在思维导图框架中增加一些知识量，它们也导致了在每一个相关认知结构中的概念在一定程度上的定性变化。很明显，当我们把概念归并到具有层次结构的地图之中的时候，由于纵横交错的连接的存在，所有概念的意义都得到了深化。因此，我们看到意义学习导致我们的知识结构发生了定量和定性的变化。

（3）先行组织者。为了帮助学习者建立先前知识和将要学习知识之间的桥梁，奥苏贝尔建议应将一小部分比其他知识更一般、更抽象的知识先教给学生，然后再教授其他更多的知识。这部分先教的知识就作为

① Ausubel D P，Novak J D，Hanesian H. Educational psychology：A cognitive view (2rd ed.). New York：Holt，Rinehart，and Winston，Reprinted，1986，New York：Werbel and Peck.

先行组织者，帮助学生把新的知识和已有的知识联系起来。他在《教育心理学：一个认知的视角》[1]的题词里写道：

如果一定要我把所有的教育心理学总结成一句话的话，那么我会说：影响学习的最重要的因素就是学习者已经知道了什么。认识清楚这个问题，然后相应地去教。

为了保证效率，先行组织者必须满足以下两条：第一，学习者已有的知识与所要学习的知识之间已经存在的相关性一定要识别出来；第二，新知识的组织和顺序一定要安排妥当，以使学习者的能力得到最大程度的发挥。将不同的学习者具有的已知概念与命题联系起来不是一件简单的事情，不同的学习者具有不同的已知概念和命题，其广度和深度都会有所不同。但是，面对任意一群学习者，我们总能找出一些共同的概念和命题，它们可以成为学习新概念和命题的“锚定点”，一个经过精心设计的先行组织者可以很好地促进“锚定”。

思维导图能够作为强有力的先行组织者，辅助基于学习者已有知识所进行的教学设计，使教学设计把知识建立在正确的已有概念上，并且减少错误概念出现的可能。

（4）上位学习。在一个学科的发展历史中，或者个体的终身认知中，新的概念建立起来之后，学习者可能把其他的很多概念都与之联系起来构成一个以前没有认识到的整体。或者，在一生中的某些时候，学习者也可能获得一个更宽泛的一般性的概念，而这个概念能把之前的概念用新的方式联系起来，并且给这些概念更新、更丰富的含义，这就是上位学习。上位学习，也称总括学习，是指在认知结构中原有的几个概念的基础上学习一个包容性程度更高的命题，即原有的概念是从属概念，而新学习的概念是总括性概念。上位学习习得的新概念、新命题具有较广的包容面或较高的概括水平，这时，新知识通过把一系列已有的概念包含于其下而获得意义，新学习的内容相对于学习者认知结构中已有概念便处于一种上位关系。

---

① Ausubel D P. Educational psychology：A cognitive view[M]. New York：Grune and Sratton，1968.

第三节　基于思维导图的教学模式与案例分析

一、基于思维导图的以学习活动为中心的教学设计

1. 利用思维导图分析学习内容

学习内容分析对于教师来说，既有助于对学习内容的理解，又有助于教学设计的决策。没有学习内容的分析，教师对于内容的理解便会带有一定的模糊性，决策可能会因此缺乏应有的理性和逻辑，甚至可能被想当然的经验所主导。通常情况下，决策的目的不同，对应的分析角度和方法也不相同。比如，为了确定一项复杂技能的构成和操作顺序，过程任务分析法（信息加工分析法）就比较合适；为了鉴别一项智慧技能的从属技能，层级分析法比较合适。然而，过程任务分析法和层级分析法一般仅仅用于学习内容的鉴别和序列化。

以学习活动为中心的教学设计理论认为，教学设计的任务不仅仅是学习内容序列化、教学事件设计及资源开发，还包括学习活动的设计。活动任务的设计依赖于对某个知识领域的恰当分析，显然过程任务分析法和层级分析法已经不能适应这种要求了。然而利用思维导图，教师可以深入分析该知识主题或一门学科的核心思想，将其所涵盖的概念、命题及其内在联系以图示的方法呈现出来——构建知识网络图，这也为活动设计提供了依据和参考。

2. 利用思维导图构建知识网络图

根据奥苏贝尔的同化学习理论，我们可以按照渐进分化、整合性认同、先行组织者和上位学习的方式利用思维导图构建知识网络图。知识

网络图的作用具体体现在以下两个方面：

（1）实现学习内容的序列化

知识网络图首先确立的是具有各种关系的知识点之间的相对顺序。不同类型知识点与不同类型的关系隐含着不同的相对顺序。根据这个相对顺序，我们将会得到一个蕴含学习顺序的导向图。

（2）帮助设计学习活动

由于知识网络图中知识点之间的逻辑关系已经非常明确，教师可以针对知识点设计学习活动。根据学习目标的层次我们将学习活动分为意义建构和能力生成两类。不同类型的学习活动，其学习任务有很大的差异。意义建构类活动的主要目的是获取目标知识点的意义，主要通过将新知识点与原有知识结构建立联系来完成。能力生成类活动任务的主要目的是训练学生运用知识的能力，主要通过使学生接触与知识点的运用实例相关的任务来完成。

3. 利用思维导图设计学习活动

知识网络图的确定为我们设计活动提供了一个清晰的导航。接下来，我们就可以沿着知识点的逻辑脉络设计学习活动了。学习活动本身包含很多内容，比如活动任务、活动步骤、每个步骤的方法、需要的资源和学习工具、学习成果的评价规则等。其中学习任务的设计最为关键。

学习任务通常表现为一系列待解决的问题。问题意味着一种认知冲突或者价值冲突，有效的问题可以成为驱动学生积极参与学习的动力源。可见，以学习活动为中心的教学具有问题驱动的本质，而要彰显这种本质就要想办法设计出有效的问题。

（1）意义建构类学习活动设计。杨开城博士认为，意义建构即是意义获取。知识点的意义实际上就是知识点与其他知识点之间的联系，换句话说，知识点的意义不在于知识点自身，而在于知识点之间的联系。因此，问题可以直接从学习内容中产生，如针对概念、事实、原理的内容及关系进行设问。问题的表现形式既可以是问答形式的测验题，也可以是非问答形式的学习要求，如制作思维导图、记录学习心得等。

（2）能力生成类学习活动设计。能力生成类学习活动的目标是让学生灵活运用所学的知识技能。因此，问题应当从知识技能的应用情境中产生，即所谓“真实问题”。真实问题的设计应当遵循美国教学设计专家凯勒所提出的“针对性”原则①，即与学生的工作和生活实际相关联。因此，设计真实问题，一方面依赖于教师对知识应用情境的熟悉，另一方面还依赖于教师对学生需求的深入了解。

需要注意的是，活动序列的设计是受知识网络图的制约的。知识网络图中没有孤立存在的知识点，因此也不能为单个知识点进行活动设计。活动设计应该对应于一组相互关联的知识点，这也应该作为设计原则来看待。活动与活动之间也应该存在与对应知识点相同的逻辑关系，也就是说，在一个知识网络图下的所有活动，在概念上都是清晰的，并被这个不断演化的知识模型联系在一起。

4. 利用思维导图整合学习资源

其实，学习资源的创建、开发和整合应包含在学习活动的设计中。徐宁在《学习活动设计与应用研究》② 中给出了一个基于 SCORM 的模型：学习活动序列与资源之间，以内容组织结构为中间桥梁，实现相互关联，如图 2-2 所示。学习活动可以由多个子活动组成，这样的结构可以嵌套任意深度，所有的子活动与底层的学习资源（SCO 或 Asset）相关联。SCO 代表可共享内容对象，Asset 代表数字资源对象。

由此可见，学习资源跟随学习活动，都是按照知识网络图的层级关系进行合理划分和组织的。但是，学习资源不只是和单一学习活动对应，而必须满足以下几点：①学习资源的呈现方式要多样化；②学习资源的呈现有较强的概括性；③学习资源的呈现要以知识点的内在逻辑关系为基础，能系统地呈现知识；④学习资源要符合学习者的个性化特征和心理特征。

我们将从资源内容的划分、呈现顺序和形式、交互性三方面展开对学习资源设计的讨论。

---

① 盛群力，李志强. 现代教学设计论［M］. 杭州：浙江教育出版社，1998.

② 徐宁，刘清堂，赵呈领. 学习活动设计与应用研究［J］. 中国教育信息化，2008（1）：77-79.

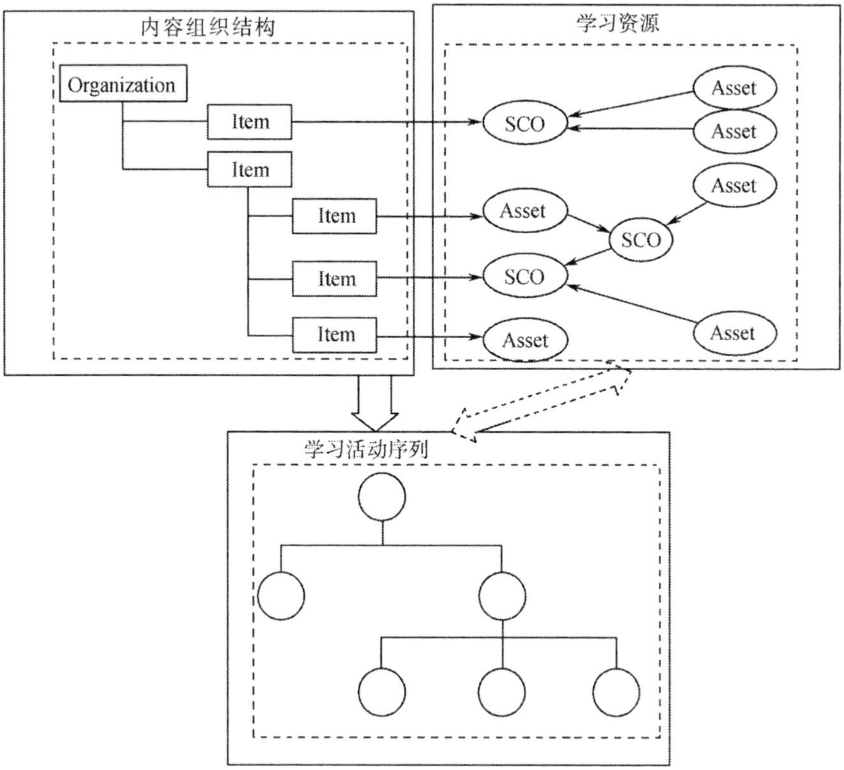

图 2-2 学习活动序列与资源对应关系模型

（1）内容的划分。作为学习资源设计的核心，内容的设计至关重要。在进行内容设计之前，要充分考虑学习者的实际学习需要。利用知识网络图，我们可以依照学习内容（知识点）和学习活动的层级结构，将学习资源内容划分得更加细致完整，以理顺知识之间的前后关系，确保其整体性以及逻辑性，从而让学习者在教学过程中对自己所学的知识有清晰的整体把握，不至于混乱。

（2）呈现顺序和形式。作为一个有层级结构的意义网络，知识网络图与人类认知结构中表征、组织、贮存知识的方式是吻合的。因此学习资源呈现的顺序设计也必须根据知识网络图的层级关系来实现。围绕某一知识点或学习活动，先使学习者了解与知识点相互平行的关键概念，使学习者能够在关键概念之间建立联系，然后再呈现具体案例辅助学习者深入理解，这样就使学习者能够从整体上把握所学知识点的逻辑关系，更好地理解与消化知识。在设计学习资源的呈现形式时，应注意多样化，既要使知识的呈现符合学习者的认知规律，也要根据不同的学习内容选择不同的媒体，提高学习效果。

(3) 交互性。为了使学习者的学习效果更佳，在资源设计中还应考虑内容的交互性。让学习者在学习过程中进行意义建构并将知识内化。科学、合理的交互设计可以提高学习效率。为了引起学习者的注意并激发学习兴趣，学习者与学习内容之间的交互设计一定是充满趣味性的、生动活泼的。

5. 利用思维导图优化教学评价

传统的教学评价大多通过测验进行。在测验中，教师只能检查学生某个学科知识体系中对某个知识点的掌握情况，这种孤立的方法不能真实地反映学生对知识的掌握。利用思维导图，教师则能够根据知识模型了解学生知识组织的情况，同时发现学生的问题所在，对学生的知识结构有一个整体把握。

用思维导图不仅可以进行总结性评价，还可以进行形成性评价，及时了解阶段教学的结果和学生学习的进展情况、存在的问题。教师一方面可以按照绘制的知识网络图（思维导图）组织课堂教学活动，让学生根据知识延伸的脉络进行学习和测评；另一方面，也可以让学生自己利用思维导图整理已有知识和新学知识，作为个人或小组学习的成果。教师从学生绘制的思维导图中可以清晰地看出学生的思维习惯和学习风格，根据及时的“概念反馈”有针对性地提供指导或调整教学策略。

对于学生而言，在复习的时候，也可以仿照教师画出自己的知识网络图来辅助整理知识。思维导图能够更加系统地反映概念之间的逻辑关系；通过节点的设置可以检查自己是否能将学过的关键概念回忆起来；通过节点之间的连线可以检查自己是否能将概念与概念之间的关系理清。除了自评，思维导图还可以用于学生之间的互评。互评主要是对他人的学习、成绩、情感、态度进行评价，它不同于自评和集体测试，不是考查学生对学科知识的掌握情况，而是让别人对自己的表现进行定性的评价。互评的方式更多用于小组学习时组员之间的评价，对组员在完成小组任务过程中的表现给予反馈。学生可以把每个小组作为一个节点，将小组任务完成过程的优缺点作为下一个层级的节点，或者用思维导图画出任务步骤。通过这样的思维导图，教师可以从组内互评中较真实地了解每个学生的情况，学生也可以针对思维导图反映的情况进行讨论交流。

下面，我们将借助两个教学案例，剖析在智慧教室环境中用思维导图进行序列化和非序列化的学习活动设计过程。

二、基于思维导图的序列化学习活动设计

教学内容：小学数学五年级（上）（人教版）第六章《多边形的面积》之《梯形的面积》

"梯形的面积"是在学生认识了梯形的特性特征，掌握了平行四边形、三角形面积的计算，并形成一定空间观念的基础上进行教学的。因此，教材没有安排用数方格的方法求梯形的面积，而直接给出一个梯形，引导学生思考如何仿照求三角形面积的方法，把梯形转化成已学过的图形来计算它的面积。让学生在主动探索的过程中，推导并掌握梯形面积的计算方法，实现对新知的意义建构，培养学生数学探索中的创造力，获得新发展。我们用思维导图将前端分析中的关键内容标明出来。

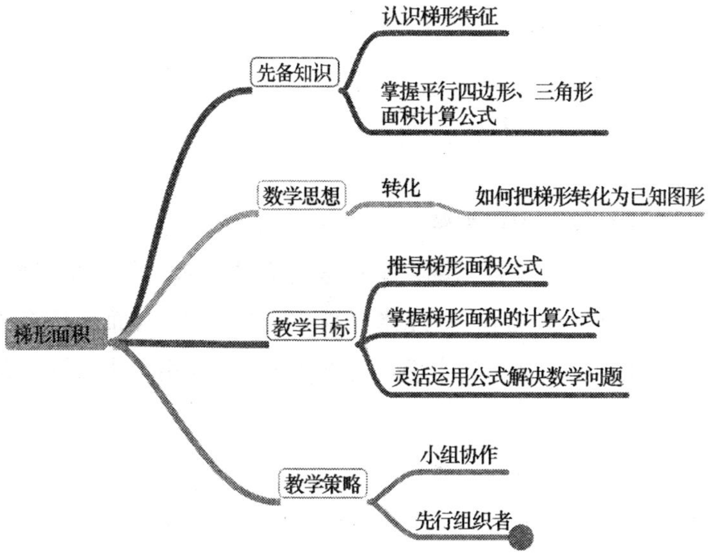

图 2-3 "梯形面积"教学前端分析

如图 2-3 所示，由于学生已掌握了平行四边形和三角形的面积计算公式，所以我们将其作为先行组织者，在此基础上引导学生运用转化思想，建构新知。按照这种思路，我们将“梯形面积”的知识架构画出，如图 2-4 所示。

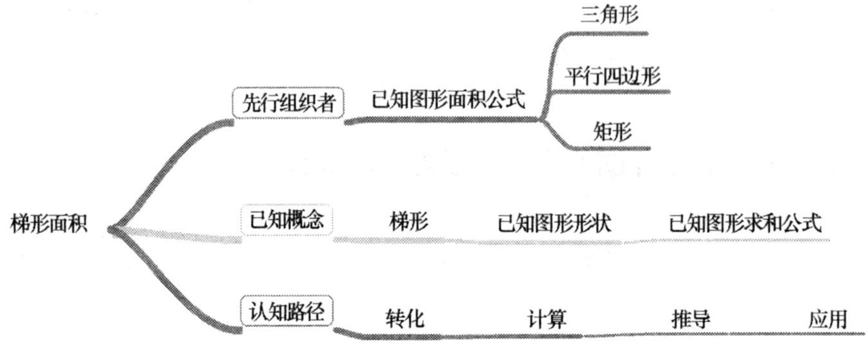

图 2-4　“梯形面积”知识架构

由于数学知识结构的逻辑性较强，所以我们以序列化的结构，结合学生情况设计学习活动，如图 2-5 所示。

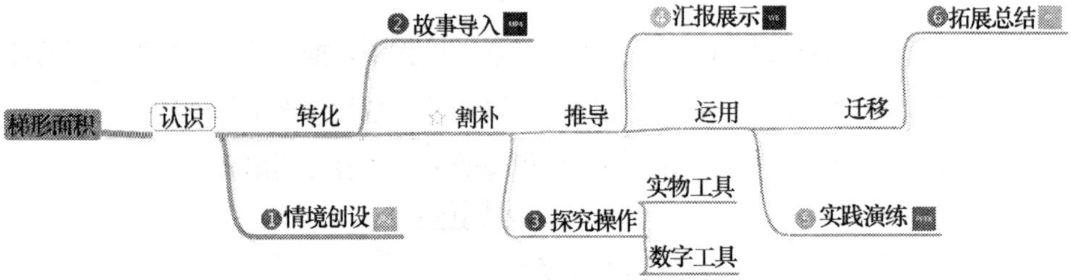

图 2-5　“梯形面积”学习活动设计

活动过程描述如下：

活动一　情境创设，引出主题

教师通过创设情境，设置问题：某厂家要为幼儿园制作一批桌椅，桌面长边长 120 厘米，短边长 80 厘米，高 70 厘米，问桌面是什么图形？做这样一个桌面要用多大的木板，是求什么？从而引出本堂课主题“求梯形的面积”。

活动二　故事导入，复习“转化”

教师让学生观看“曹冲称象”的小视频，点出生活中的“转化”思想，结合已学的三角形面积的计算方法，巩固数学知识中“转化”方法，从而引出本节课的学习内容，即用转化的方法计算梯形的面积。

活动三 转化图形，探究公式

教师对学生进行分组并布置任务，求在一开始提出的问题（计算梯形桌面的面积），并在小组中设置竞赛，看哪组学生想的方法多。教师提供两组教具，供每组学生自由选择：

（1）实物工具：三组梯形纸（一般梯形、直角梯形和等腰梯形）若干、铅笔、尺、剪刀、胶带。

（2）虚拟工具：数学二维学科工具。

学生利用所选择的工具，以小组为单位，动手操作，尝试不同的转化方法（割、补、拼），分别计算出一般梯形、直角梯形和等腰梯形的面积。

活动四 汇报展示，推导公式

教师通过实物展台，让选择实物工具的学生上台展示公式推导的过程，同时让选择虚拟工具的学生运用二维数学学科工具对推导过程进行点评和补充，从而强化学生对梯形公式的理解。

活动五 实践运用，解决问题

教师出示三道例题，由易到难，让学生应用公式解决实际问题：

（1）三峡水电站大坝的横截面的一部分是梯形，求它的面积？

（2）汽车的侧门车窗也是梯形，要制作这扇窗户需要多少平方厘米的有机玻璃？

（3）我们到建材市场去参观，进去发现有一处堆放着许多钢管，堆成梯形的形状（顶层 2 根，底层 8 根，逐层递增 1 根）。谁能很快知道钢管根数？你是怎样算的？

活动六 延伸新知，课堂总结

教师引导学生用思维导图总结推导梯形面积的方法和过程，鼓励学生利用“转化”的数学思想思考：如果遇到一些不规则图形，该如何求它的面积？进而再次总结本节所学内容。

确定好活动内容后，我们则可以将所需资源整理好，依次加入各活动之中即可。

在对于《梯形的面积》一课的设计中，我们充分运用思维导图，梳理教学内容、构建知识框架，并根据知识网络中概念和命题之间的联系，一步步确定学习步骤、设计活动流程以及开发学习资源。在课堂上，一方面，通过思维导图的呈现方式，可以有效帮助学生联系旧知，建构新知，同时，通过提供“三角形的面积公式推导过程”的学习支架，也可以推动学生主动学习如何运用转化思想，推导梯形的面积公式。另一方面，教师也需要有意引导学生在课程最后用思维导图总结梯形面积的推导过程，并延伸到其他不规则多边形的推导思考中。这样不仅让思维导图成为一种知识导航和组织教学的工具，也能将其内化成一种学习策略，让学生自己学会运用思维导图整理自己的知识框架，以促进学生的意义学习。

三、基于思维导图的非序列化学习活动设计

教学内容：初中英语八年级（上）（人教版）Unit 2 I'll help to clean up the city park：Section B 2a-2e

本单元主题是 Offering help。按本节课 Section B Reading 的要求，学生需读懂长约 300 字的感谢信，了解残疾人和导盲犬之间的故事，进而反思自己在今后的生活中应如何给他人提供帮助。

在这一课的学习中，我们利用思维导图，通过对文章从整体到细节的多层次阅读，综合提高学生的略读、精读、推测等阅读技巧，并在语境理解中，推动学生掌握生词和重点句型的运用和表达。同时，在语言输入和输出的各环节中，巧妙设置情境，让学生对残疾人的处境感同身受，培养学生热爱社会公益事业、扶危济困、乐于助人的优秀品质。

如图 2-6 所示，本课的教学目标包括：

1. 掌握生词和重点词汇，尤其是形容词和动词短语的用法。

2. 综合提高阅读技巧。

（1）根据提供的图片和单词，预测文章内容；

（2）在阅读中通过词性判断理解词义；

（3）通过略读的方式，猜测文章大意；

（4）借助关键词，通过导读的方式，搜寻细节内容。

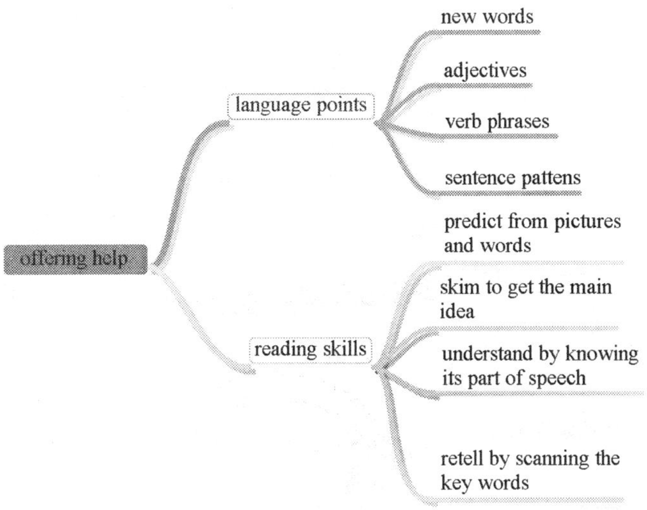

图 2-6　“Offering Help” 教学目标分析

3. 培养乐于助人的品质。

通过对教材内容以及教学目标的分析和归类，并结合阅读的基本顺序，我们将这堂阅读课按照读前（Pre-reading）、读中（While-reading）和读后（Post-reading）三个步骤进行。读前学生需要通过教师提供的单词和图片预测课文内容，读中分为三步：快速阅读（fast reading）、仔细阅读（careful reading）和自测练习（self-check）。首先学生快速通读全文，通过关键词了解文章大体意思，然后根据教师设置的问题及任务对语篇进行详细分析，最后通过复述总结巩固文本所学内容，同时兼顾语言的输出训练。读后环节则是侧重于语言的实际运用，如用访问或话题讨论的形式，创设一定语境，引导学生自由交流，完成语言输出。

确定好阅读流程以及目标后，我们则可以针对每一个步骤和目标设计活动及整合资源了。考虑到语言学习的发散性，我们采用非序列化的结构设计，如图 2-7 所示。

活动一　导入，设置语境（Lead-in）

（1）小游戏：教师让学生双手反握在背后，不用手翻开书本。让学生感受“残障人士”的不便。

（2）教师用课文中的词汇制作“词汇云图”，并配上若干残障人士图片，引导学生用云图中的单词描述图片，帮助学生理解和记忆新单词。

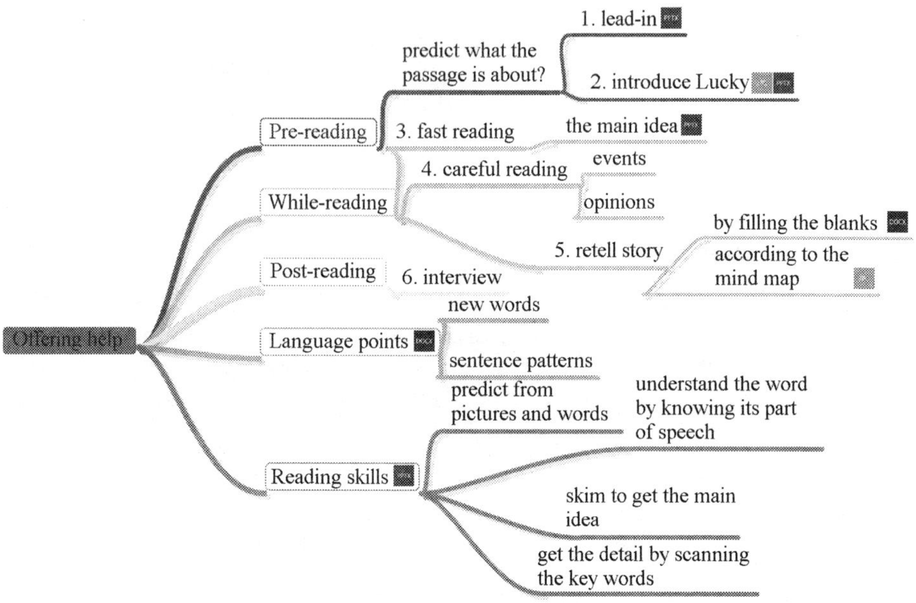

图 2-7 "Offering Help"学习活动及资源设计

（3）教师播放一段电影《导盲犬小 Q》的视频，让学生充分感知导盲犬的作用，并通过对短片中一些图片的谈论进一步呈现一些新单词，进而引入"狗助手"这一话题，为下面的阅读活动做准备。

活动二　读前预测（Predicting）

教师展示课文中的图片，介绍其中的主人公小狗 Lucky，引发学生猜测文章内容（教师此时不作评价）。当学生带着这种期待去阅读文章时，会努力为他们的猜想寻找证据，从而把注意力集中放在课文内容上。

活动三　快速扫读，初步感知（Fast reading）

教师让学生快速浏览全文，让学生回答三个问题：

（1）What's the letter about?

（2）Who wrote this letter to Miss Li? Why?

（3）What did Miss Li do?

引导学生运用略读技巧，初步了解文章的主要内容，培养学生阅读概括能力。

活动四　分组用思维导图分析语篇（Discourse analysis by mapping）

（1）教师按照语篇分析的方法，绘制思维导图框架，并设置相关问

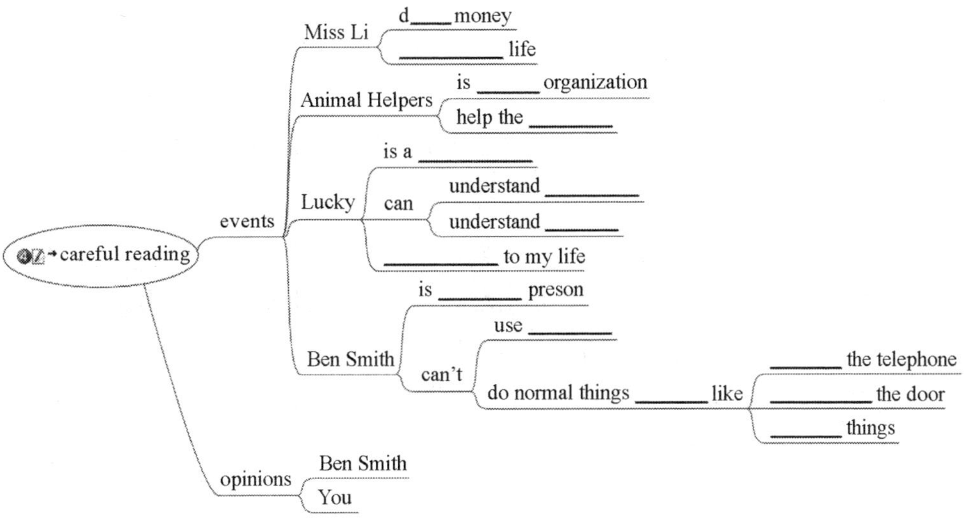

图 2-8 语篇分析思维导图

题，让学生分组完善思维导图。思维导图的设计包含两个层次：一个是对于基本信息的整理（图中 events 部分）；另一个是对文本的深层理解，需要进行相应的归纳和总结（图中 opinions 部分）。利用思维导图，可以帮助学生理清思路，分析文本，同时思维导图中的填词设计，也为学生理解单词提供了语篇环境。而教师设置的相关问题，可以作为学习的支架，一步步引导学生理解文章内容和人物关系。

（2）学生将完善好的思维导图反馈给教师后，教师再次在讲评中带领学生分析文本，同时插入重点单词和句型的讲解。

活动五　复述课文，总结巩固

教师提供两种方式让学生复述课文。第一种（较简单），填空复述，即在教师所给文章中填入单词的适当形式。第二种（较难），根据思维导图复述。在上一个活动中，学生已完成了思维导图，现在，则需要在已完成的思维导图基础上，参考课本 2d 练习画出人物关系，并在此基础上进行复述。通过总结复述，使学生在阅读后对文章框架的了解更加清晰，巩固了语篇分析所学的内容，同时锻炼了学生口语表达能力。另外，设计两种不同的复述方式，照顾到学生在英语能力上的差异，体现了分层教学的思想。

活动六　话题讨论，语言运用

教师将学生两两分组，以采访 interview 的形式，讨论以下话题：

(1) 如果有一天，你在路上遇到一位残障人士，你会如何帮助他？

(2) 如果你碰到 Animal Helper 的负责人，你会对他提出什么更好的建议去帮助残障人士？

(3) 如果别人帮助了你，你会怎么做？

通过对话题的讨论，创设一定的语境，引导学生运用语言，自由交流，同时让学生在情感教育中升华助人为乐的优良品质。

其间，我们可将所需的各种学习资源如视频、图片、文本等依次加入到各项活动中。值得注意的是，我们不仅可以用思维导图划分和添加各种活动中的资源，还可以联系教学目标，将有关重点的语法点、生词及短语做成讲义或微课视频以思维导图的形式链接到学习资源中，供教师在课堂讲解中随时调用。这样，围绕“Offering help”这一主题所搭建的知识框架，既能让学生从文本分析中锻炼阅读技巧，在语篇环境下掌握新词、短语和重点句型，避免了传统英语学习中词汇与文章分离、重记忆不重理解的弊端，又能让学生在主动学习中完成新语篇、新词汇的意义建构，并持续性地接受文化与情感教育。

第三章

基于双轨展示的课堂教学模式与方法

计算机技术的使用和互联网的普及正在推动着一场新的教育和学习变革，多媒体教学的传统模式正在改变。双轨展示教学将教学内容以双画面形式呈现，通过意义关联，增强讲授内容的前后关联性，促进学习者大脑语言系统与非语言系统的运转，激发学习者的学习积极性，提高认知建构的效率，是对信息化环境下教学结构与教学过程本质的新认识与新概括[①]，是教育信息化促进教学模式创新的尝试。

① 杨宗凯，刘三妍．双轨教学的理论省思［J］．中国电化教育，2013（8）：24-27.

第一节　多媒体与课堂教学展示

一、多媒体在课堂教学中的应用现状与思考

课堂是我国学校教育的主阵地，“黑板＋粉笔”一直是传统课堂教学的主流技术形式，用来进行教学展示和组织教学活动。黑板和粉笔作为最简单的教学工具，代表着自然的课堂教学交互方式，为课堂教学提供灵活多样的支持①。随着信息技术的发展，以多媒体技术为核心的现代信息媒体越来越多地进入学校课堂教学环节，教师使用 PPT、视频、Flash 动画等多媒体工具进行教学，多媒体教学以图、文、声并茂的内容呈现方式赢得了教育界的青睐，成为学校教育领域最热门的话题之一。国家也制定了相关政策以鼓励学校教师树立现代教育理念，以现代化的多媒体来优化教学，革新传统教学模式，为社会培养创新型人才。

多媒体教学给课堂教学提供了很多新的可能，效果显著，国内外学者和专家对其研究的力度也越来越大。然而，随着研究的逐渐深入，很多学者发现目前的多媒体教学存在很多问题，有时候多媒体教学并没有达到我们预期的效果，某些时候甚至起负面作用②。究其原因，一部分是因为教师对多媒体教学存在认识上的差异，还有一些是由多媒体自身的属性所决定的。

1. PPT 教学的困惑与思考

PPT（PowerPoint，简称 PPT）是微软公司开发的演示文稿软件，

---

① 丁兴富，李敬东. 从黑板到交互白板的历史进程——对信息技术与课堂教学整合前景的展望［J］. 中国电化教育，2005（2）：30-34.

② 郑玉玮，崔磊. 多媒体在教育中的应用：一个矛盾的复合体［J］. 电化教育研究，2016（11）：18-24.

目前被广泛地应用于课堂教学中。PPT 内可以插入视频、音频、图片等，让枯燥的文字生动起来，可以提高学生的学习兴趣，是教师教学的好帮手。很多教师会使用 PPT 进行教学展示，甚至于在高校中，有些教师不使用 PPT 反倒被视为一种“资历和地位的标志”。但由于 PPT 本身并不是专门为教学而设计的，一线教师普遍反映存在一些应用困惑。

困惑一：教师们在 PPT 中插入了大量图片、声音等，展示形式较传统教学更生动形象，按理说应该学习效果要更好一些，但是实际效果不太理想。

思考：相对于传统的“粉笔＋黑板”模式，PPT 在展示效果上确实要好很多，但是在教学中如果不遵循教学规律，可能适得其反。究其原因有以下几点：①教师在准备 PPT 课件时，可能对教材和板书进行照搬，教学中也很少或者不再有板书，只是靠点击 PPT 来播放内容，易造成学生被动地听，而不对教学内容进行思考，无法真正地理解和掌握。殊不知板书可以用凝练的文字语言或形象的图表来传递教学信息，能帮助教师对知识结构进行梳理归纳，并逐步列出问题的分析、解决方法和解决步骤。这个过程对学生的思考和学习有很好的引导作用，有助于培养学生的逻辑思维，有助于学生形成良好的思考习惯。②有些教师课前将 PPT 准备好之后，上课时就仅仅简单地把教学内容读出来。这一方面弱化了教师的教学表达和教学指引，另一方面容易造成教师的照本宣科，缺少传统教学中的激情和活力。教师在教学过程中应该多侧重于教学活动的巧妙组织与合理安排，根据科学的教学设计来组织和实施教学。

困惑二：教师精心准备 PPT 课件，但学生的接收速度相对传统教学并没有加快太多，甚至有些学生反映对知识理解有困难，跟不上教师的教学进度，心理负担较重，达不到预期的教学效果。

思考：黑板以空间为轴来展示教学内容，教师在黑板的一侧书写完毕后，会继续在另外一侧进行书写，教学信息有滞留；而 PPT 则以时间为轴展示教学内容，上一张幻灯片会很快被下一张幻灯片替换，前面看过的信息不能长时间保留，只能依靠记忆。这种无法将教学信息进行滞留的展示方式不利于教师温习和强调已教过的知识点，也不利于学生连贯性地掌握知识（学生在学习过程中，系统的知识分成了两页或者多页文稿，学生也无法对多页知识进行整体把握，影响了知识的系统学习）。同时，黑板教学强调板书设计，侧重教学内容的布局，在讲授某个教学内容或者进行某个教学活动时，板书可以一直停留，教学内容并不需要导航，看单元标题即可。而 PPT 中教学内容随幻灯片一页一页地翻过，知识内容的层级结构不能清晰完整地展示出来，教学导航不够清晰，超级链接跳转也容易使学生迷航，难以把握整体内容。如果教师仍偏向于以前的教学习惯，不能根据 PPT 的实际特点进行更科学、更精致的教学设计，容易事与愿违。此外，一点鼠标即可呈现教学信息，也容易使教师在播放过程中忽视讲解节奏而一味加快播放速度，造成教学节奏加快，使学生思考和接收新知识的时间不足，加大了学生的理解难度，造成认知负荷①。

作为拥有 5 亿以上使用者的软件，PPT 几乎是所有公开演示或演讲的工具，但是应用在教学中，人们对其褒贬不一。比如塔夫特认为 PPT 会使学生被动地学习，不利于思维发展，甚至建议应该进行一个全球性的产品召回②。但是，信息技术对教育教学的影响是势不可挡的，我们无法退回到不使用 PPT 进行教学的传统课堂，唯一的选择就是研究它，并更好地利用它。任何一种教学活动都离不开教学设计，我们要做的是在科学教育思想和理论的指导下，对教学内容、教学对象等诸多教学要素进行分析，并系统地对整个教学活动过程进行规划和安排，有效改变目前 PPT 教学的弊端，利用 PPT 真正促进学习。

2. 多媒体教学展示的现状与思考

传统教学中，教师进行教学展示的方式有限。借助多媒体资源（视频、动画、图片等），教师可以将一些枯燥抽象的概念、复杂的变化过

---

① 杨凤梅. 高校教师“PPT 依赖症”的归因分析及对策探讨 [J]. 电化教育研究，2011 (3)：54-57.

② Tufte E R. PowerPoint is evil [EB/OL]. [2016-10-10].

程以及宏观或微观世界，以生动的内容、逼真的图像、动听的声音等形式展现出来，刺激学生的多种感官（视觉、听觉等），加深学生对知识的理解和记忆。但是在教学中如果过分强调这些媒体的作用，就可能冲击学科教学的本质，失去学科教学的个性，偏离教学目标。

现状一：实际教学中，有的课堂是音、形、色的大杂烩，是各种有形、有色、有声的信息大汇集，乐则乐矣，但在“轰炸”完后，学生茫然不知所措。例如某节语文课——朱自清的《春》，教师首先放了一段音乐《春天的故事》，在语文教学中穿插歌曲的演唱，确实趣味无穷，但这两类本风马牛不相及的内容硬绑在一起，纯属为趣味而趣味，多媒体的应用成了点缀①。

思考：多媒体的使用要与教学内容、教学目标和教学对象等相一致。如果过分追求趣味性和直观性，滥用多媒体，展示的内容与所讲授的知识无关，或者关联甚微，在一定程度上就抹杀了学科教学本身的需求，甚至会给学生造成一定的认知负担。建议教师在使用多媒体教学工具的时候，从学科知识本身出发，基于知识结构体系和逻辑关系进行教学展示，方便学生将新知识与原有知识进行有意义的关联，更好地促进学生学习。

现状二：教师在使用 PPT、视频、在线学习网站等多种教学资源进行展示的时候，必须对多个资源进行来回切换，手忙脚乱，特别容易导致学生注意力的分散。

思考：教师在使用多媒体进行教学展示时经常会遇到这种情况：学习者的注意力是片段性的，课堂中频繁变换的画面会影响学生注意力的保持，造成他们在完成一些比较复杂的认知任务时产生注意力混乱。对此，建议的处理策略是恰当利用多媒体刺激来吸引学习者的注意力，之后则应适当地控制这种节奏的变化。例如，当学习者经过一段时间的持续注意后出现“走神”的情况时，可以再次借助变化刺激来重新吸引学习者的注意力。另外，教学中如果设置了清晰明了的教学导航，对教师

---

① 刘跃平. 浅谈语文多媒体教学的几个误区 [J]. 当代教育论坛（教学研究），2010（5）：55.

合理、有序地展示教学内容也有益处。

3. 多媒体应用于教学展示的思考

新技术应用的第一阶段总是伴随着对它的优势、获益和普遍适用性的不切实际的期望，紧随其后的便是不加选择地滥用。为了能更大程度上发挥多媒体教学的优势，我们应充分考虑学科教学的特点和需求，在深入了解多媒体的基础上，科学地设计、制作和应用多媒体进行教学，避免多媒体技术的滥用，突出其“辅教”作用，避免功能异化。同时，在多媒体制作、教学展示和相关教学活动设计时，要深入学习和借鉴相关多媒体学习理论，如梅耶（Mayer）的多媒体学习认知理论、斯威勒（Sweller）的认知负荷理论、建构主义学习理论和个体的学习风格理论，使之符合学习者的认知特点，协助学习者进行有意义的知识建构。

此外，要重视对学习者特征的认识，包括学生原有知识、情感、元认知和认知协同等因素①。梅耶与其他研究人员的研究表明，当学习者在个体认知结构中建构心理表征时，认知加工会受到学习者特征的影响。艾森克（Eysenck）认为，大多数人的认知都是自下而上的加工（刺激—注意—知觉—思维—加工—决策—反应—动作）和自上而下的加工的结合，在自上而下的加工中，应该将学生特征加入到多媒体学习的考虑中，可以更加清楚地解释学生学习结果的差异②。

二、双轨展示与课堂教学

双轨展示教学主要解决的是现有教学策略、教学模式所存在的无法将多媒体展示功能与实际教学需求进行有效结合的问题。通过合理地使用当前已有的教学资源，突破单个多媒体演示的局限，基于学习者的认

---

① 郑玉玮，崔磊. 多媒体在教育中的应用：一个矛盾的复合体 [J]. 电化教育研究，2016 (11)：18-24.

② Eysenk M W. Principles of cognitive psychology [M]. Philadelphia, PA: Psychology Press, 2001.

知特点，将教学内容采用双画面的模式呈现，增强讲授内容前后的关联性，激发学习者的学习积极性，促进学习者的知识建构。

双轨展示教学可以有效解决目前PPT教学中的困惑和问题，改变了PPT、PDF等文稿呈现时前后分割的情况，教师在使用中可以在一个屏幕上显示文稿的当前页，而在另外一个屏幕上呈现文稿的前一页或任何一页。这种处理方式可以使学习者拥有足够的时间对比文稿前后页的内容，进行做笔记、思考、推论等学习活动。此外，学习资源的某页与任一页之间存在相似或者相关内容时，也可关联显示，确保知识点间的衔接和回看的需求。双轨展示教学可以将板书与多媒体展示进行有效结合，实现传统黑板与电子设备的完美融合，教师上课过程中可使板书、演算、推理、标注等传统课堂活动回归现代课堂。教学中，同时展示相关联的教学资源，引导学生进行联想、对比等，方便教师进行参照和关联教学①。关于双轨展示教学模式的完整介绍，我们将在下一节进行详细讨论。

① 杨宗凯，刘三妍. 双轨教学论——数字化环境下的教学创新研究［M］. 北京：高等教育出版社，2014：83-86.

第二节 双轨展示教学模式与方法

一、双轨展示教学理论基础

1. 双重编码理论

心理学家阿伦·佩维奥（Allan paivio）于1969年提出了“双重编码理论”（dual-coding theory）。他指出大脑中存在着两个在功能和结构上均不相同、独立但又相互联系的认知系统——言语系统和表象系统。言语系统主要用于加工言语信息，并将其以字符为基本单位编码储存在文字记忆区，产生的是言语反应。表象系统用于加工非言语信息，它形成的是事物的心理表象，并把其作为基本单位存储在图像记忆区，同时也在对应的语言记忆区留下一个文字对照版本，言语系统储存信息的单元是言语符号，表征系统储存信息的单元是图像映像①。这两种系统可以相互关联工作，两种系统能直接地被特定的刺激激活，言语系统被语言信息激活，表象系统被物体或物体的形象激活。

双重编码理论对言语编码和视觉编码进行了区分，显示语言和画面同时呈现给学习者可以减轻学习者的认知负荷。早在1971年，佩维奥就发现：图片和文字同时展示比单一的文字展示更能促进有意义的学习，图像和文字的组合能够在一定程度上刺激学习者进行更有效的信息加工，图形和文字的结合可以增强学习者对知识的回忆，特别是对于阅读能力较差的学习者②。传统的学习侧重使用左脑，大量运用抽象思

---

① Paivio A. Mental representations: a dual coding approach (No. 9)[M]. New York:Oxford University Press (USA),1990.

② Clark J M, Paivio A. A dual coding theory and education[J]. Education Psychology Review,1991(3):149-170.

维，注重理性思维的培养，而全脑学习则平衡了大脑的左右两半球，使多种思维灵活运用。双重编码理论强调左右大脑的协作处理机制，它支持的是一种全脑学习方式。

双重编码理论为双轨展示教学提供了坚实的理论和实证基础，双画面的方式一改之前只能呈现单一类型资源的现状（如只能呈现文字内容），同时呈现两种教学内容，创造一个图文并茂的多媒体学习情境，形式多样，意义关联。这种方式不仅可以激发和促进学习者大脑语言系统与非语言系统的发展，还可以丰富课堂教学，激发学习兴趣，促进学习者对知识的掌握与迁移[①]。

2. 建构主义学习理论

建构主义学习理论认为学习是学习者主动建构内部心理表征的过程——以原有的知识为经验，通过与外界的相互作用来构建新的知识。这里所说的知识不仅包括结构性的知识，也包括大量非结构性的经验背景[②]。维特罗克（维特罗克是当代著名的教育心理学家，曾获得过教育心理学领域内的最高奖——桑代克奖）提出的生成学习理论模型对这种建构主义的学习进行了形象的说明。

维特罗克认为，学习源于学习者内部的主动建构，而不是外界信息的单纯输入，基于这个基础，他提出了生成性学习理论，主要观点如下：(1) 学习者在学习过程中，只有当新知识与已有的知识经验结合在一起，被纳入到学习者已有的模式/知识结构中，并获得了具体意义，学习才算真正发生；(2) 学习是一个积极主动的建构过程，学习者的大脑并不是消极被动地对输入的信息进行记录，而是有选择地选取有益的部分，并进行意义构建，学习是学习者原有认知结构与新知识相互作用、主动建构，并生成有意义信息的过程[③]。所以，他提出学习是学习

① 杨宗凯，刘三妍．双轨教学论——数字化环境下的教学创新研究［M］．北京：高等教育出版社，2014：43-44.

② 王沛，康廷虎．建构主义学习理论述评［J］．教师教育研究，2004（9）：17-21.

③ Wittrock M C. Generative learning processes of the brain[J]. Educational Psychologist,1992,27(4),531-541.

者根据自己的态度、需要、兴趣和爱好以及认知策略，对来自当前环境中的感觉信息产生选择性注意，获得选择性信息，并利用原有的认知结构建构该信息的意义，从而获得新知识和新经验的过程①。这一过程有四个基本要素非常关键，分别是生成、动机、注意和先前的知识经验。生成是指形成新知识的内在联系以及在新知识与已有经验之间建立联系；动机是指学习者具有积极生成这两种联系的愿望，并把生成联系的成效归因于自己在学习过程中付诸努力的程度；注意是指生成过程的方向性因素，它使学习的生成过程指向学习者原有的知识和经验；先前的知识经验则包括学习者已有的概念、反省认知以及抽象知识和具体经验等②。

维特罗克的生成性学习理论是一种建设性的建构主义学习理论，其认识论不是预成论，而是生成论，对双轨展示教学模式研究与实践有很大的指导意义。一是扩展了双轨展示教学模式的理论基础，二是对双轨展示教学设计过程中各环节的实施具有指导作用，比如在学习者特征分析、教学目标分析、教学内容分析、教学策略制定和教学评价设计等环节，生成性学习理论都可以为双轨展示教学的设计与实践提供具体的指导意见，并能够切实促进双轨教学设计过程模式的发展③。

3. 多媒体学习认知理论

理查德·梅耶（Richard E. Mayer）是美国知名教育心理学家和实验心理学家，他一直关注如何利用多媒体手段提升教学效果。梅耶认为多媒体的本质特征是同时包括文本和画面，多媒体学习是指学习者从文本和画面中建构心理表征④。

---

① Osborne R J, Wittrock M C. Learning science: a generative process[J]. Science Education, 1983, 67(4), 489-508.

② 谭敬德，陈清，张艳丽. 维特罗克生成学习理论认识论特征分析及其对教学设计的指导意义［J］. 电化教育研究，2009（8）：22-25.

③ 杨宗凯，刘三㚥. 双轨教学论——数字化环境下的教学创新研究［M］. 北京：高等教育出版社，2014：83-86.

④ 孙众，骆力明. 小学生到底喜欢什么样的学习资源——梅耶多媒体学习原则对数字原住民适用性的实证研究［J］. 中国电化教育，2015（7）：79-84.

梅耶的多媒体学习认知理论基于以下三个学习的认知加工理论：(1) 视觉/图像和听觉/语言通道加工的双重编码理论；(2) 单通道加工容量有限理论；(3) 主动加工理论。梅耶详细阐释了多媒体学习者在认知结构中构建心理表征的过程——学习者选择相关信息，将其组织为一致的表征，并将其与先前知识进行整合，发生有意义学习，而简单地增加一个媒体格式的信息并不能保证提高学习效果。梅耶和他的同事通过多年的实证研究和探索，揭示了七条多媒体教学展示的有效指导原则：(1) 多媒体认知原则。相比文字的呈现方式，学生在文字和图片结合（即图文并茂）时学得更好。(2) 空间接近原则。与同一个知识点相关的文字和图片临近呈现比分开呈现效果更好。(3) 时间接近原则。与同一个知识点相关的文字和图片同时呈现比相继呈现效果更好。(4) 一致性原则。删除与当前知识点无关的资料较保留效果更好。(5) 通道原则。动画和解说组成的多媒体资源比由画面和文字并列呈现的学习效果更好。(6) 冗余原则。无字幕有配音的动画比有字幕有配音的动画学习效果更好。(7) 个体差异原则。多媒体学习资源对学习成绩相对较差、空间能力相对较强的学生效果更好。这七条原则与多媒体学习的认知理论相一致，揭示了学生如何在听觉/语言刺激和视觉/图像刺激并存的情境下学习①。

梅耶的多媒体学习认知理论是多媒体教学展示的有效指导原则，基于这七条多媒体设计原则，双轨展示教学利用双通道展示丰富的多媒体资源，将直观和抽象的教学信息、相关性的信息等同时展示出来，提高教学信息的直观性，同时避免认知负荷，符合学生的认知特点和心理特点，辅助学生进行有意义的学习。

二、双轨展示教学模式概述

1. 双轨展示教学模式的界定

双轨展示教学是对信息环境下教学结构与过程之本质的新认识与新

---

① Mayer R E. Multimedia learning[M]. Cambridge, UK: Cambridge University Press, 2001.

概括。它以师生之间具有主体间性这一认识为哲学基础，以活动理论中关于主体和客体借助于工具中介之交互这一观点为理论指导，以当代认知神经科学所揭示的大脑左右两半球之功能分区以及记忆组织理论、双重编码理论、建构主义学习理论和多媒体学习认知理论为指导，对教学中的各参与要素之关系进行重构①。

双轨展示教学模式支持的是一种全脑学习方式，教学中通过双画面的方式呈现教学内容，以多样化的教学内容代替单纯的文字，创造一个图文并茂的多媒体学习情境，注重意义关联，激活学习者大脑语言系统与非语言系统，提高认知建构的效率，解决了课堂教学中演示文稿只能顺序播放，以及无法前后对照而影响学生建立意义关联的问题②，如图 3-1 所示。

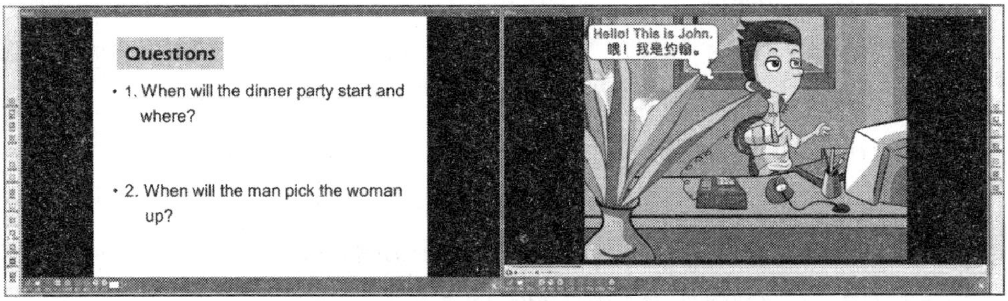

图 3-1　双轨展示教学模式

2. 双轨展示教学模式的特点

双轨展示教学模式除了在直观上给学习者提供更为宽阔的视觉空间外，在教学中还有以下特点：

（1）双画面呈现教学内容，学习情境图文并茂

传统的多媒体教学是“1 个投影仪＋1 块幕布”的信息展示环境，而双轨展示平台呈现信息的显著特点是双投影画面，为教学中多种相关教学资源同时呈现提供空间，此时教学内容将不再局限于单一的演示文稿，取而代之的是丰富多样的资源，为学习者提供图文并茂的学习情

① 杨宗凯，刘三妍．双轨教学的理论省思［J］．中国电化教育，2013（8）：24-27.

② 陈长胜，刘三妍，汪虹，等．基于双重编码理论的双轨教学模式［J］．中国教育信息化，2011（3）：52-55.

景，如图 3-2 所示。

图 3-2　双画面呈现教学内容

（2）资源种类丰富多样，教学方式多姿多彩

双轨展示为教师灵活运用多种教学资源提供了便利，双轨展示平台支持格式多样的教学资源，教学不再局限于 PPT 演示文稿，对教学中经常会使用到的资源格式进行完美支持，PPT 文稿、Word 文档、Excel 表格、PDF 文档、视频、Flash、网页等资源，可以按需调用和任意组合，如图 3-3 所示。另外，常用的第三方软件也可以集成到平台中，教师可以进行多种教学方式与模式的实践与创新，尝试例如“PPT＋视频、PPT＋网页、PPT＋板书、Word＋实物展台展示”等各种教学方式，教师可以根据课前准备和教学实际需要来设计恰当的教学方式，满足教师不同教学风格的教学需求，为个性化的教学设计提供支

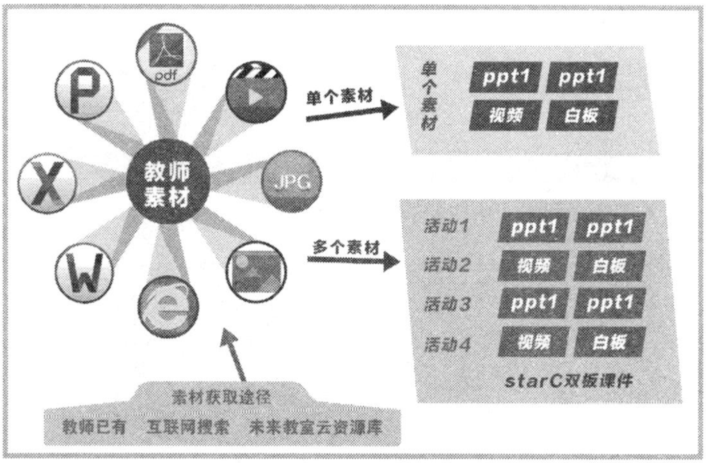

图 3-3　支持多种教学资源进行双轨展示教学

持，如图 3-4、图 3-5、图 3-6、图 3-7 所示。

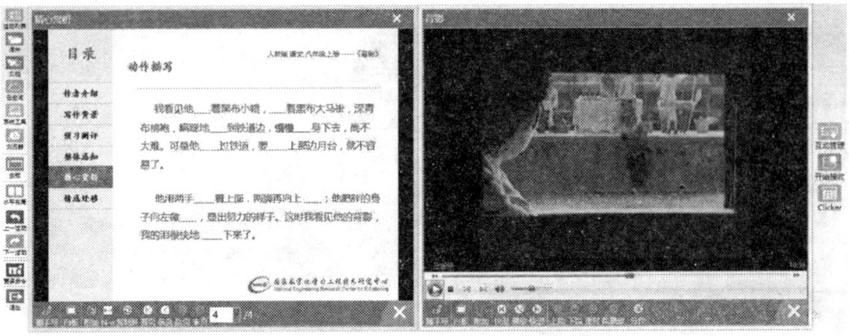

图 3-4　PPT＋视频教学

图 3-5　PPT＋网页教学

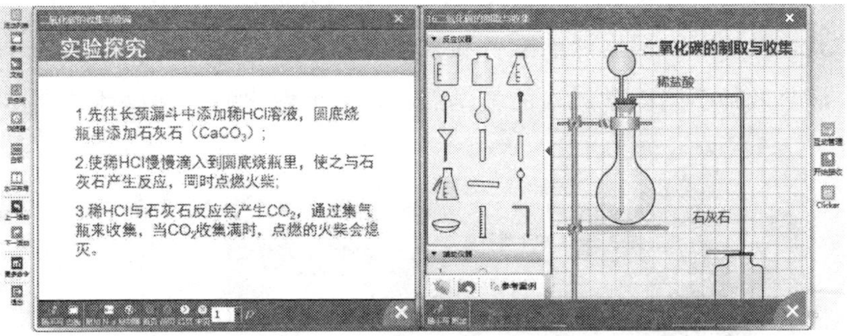

图 3-6　PPT＋学科工具教学

图 3-7　PPT＋板书教学

(3) 教学内容关联呈现，有效促进学生知识建构

双轨展示通过多种形式实现了知识的意义关联，避免了多媒体教学中教学资源与信息呈现前后孤立分割、缺乏关联等问题，能很好地实现讲授内容的完整性和关联性。双轨展示主要通过以下两个方面实现知识之间的关联：一是教学资源之间的关联，经过教师的精心设计，每一个学习活动中展示的资源与信息之间是意义相关的，确保讲授中可以进行比照、关联或者辅助等教学实施，如图 3-8 所示；二是教学资源内部之间的关联，双轨展示改变了 PPT 文稿呈现时前后分割的情况，教师可以在一个屏幕上显示演示文稿的当前页，而在另外一个屏幕上呈现演示文稿的前一页，对教学信息进行科学滞留，使学习者拥有足够的时间对比 PPT 前后页的内容，并进行做笔记、思考、推论等学习活动，促进学习者的知识建构，如图 3-9 所示。

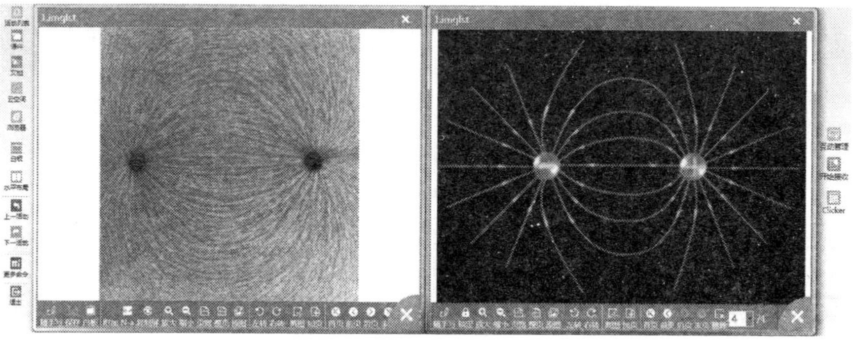

图 3-8　两个教学素材关联教学

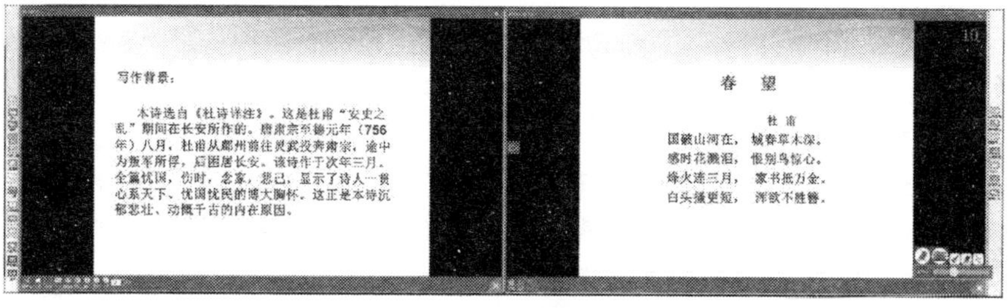

图 3-9　PPT 的前后页内容关联教学

3. 双轨展示教学应用模式

双轨展示教学是基于双板教学环境的新型课程教学模式，其目的在于揭示由电子双板这一教育信息技术原始创新导致的教学过程中师生关系的变化，以及在更为广阔的历史时空中的教育实践主客体关系的变化。双轨展示教学更侧重方法论层面的引导，一线教学中教师可基于双轨展示教学双画面展示的特点，结合常用教学方法和教学策略，根据学科特点、教学目标和需求来组织和设计教学，这一模式与理论的生命力取决于未来一线教师能否更加努力地进行基础理论探索和应用创新实践。双轨展示教学的应用模式如图 3-10 所示。

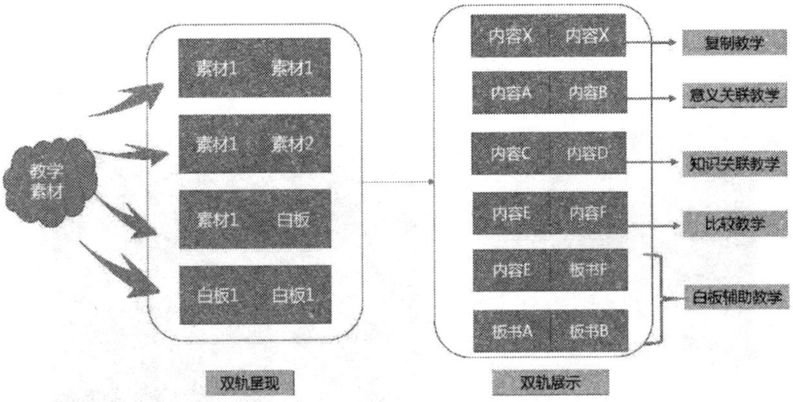

图 3-10　双轨展示教学应用模式

第三节　双轨展示教学应用模式与案例分析

根据双轨展示教学的特点，教师可以在教学中根据实际教学需要和学科特点，结合具体的教学方法和教学策略来设计和组织教学。下面结合具体案例就典型的应用模式进行详细介绍，教师也可以根据自己的实际情况来设计更多教学方法。

一、复制教学

复制教学是指在教学中使用两块屏幕展示同样的教学内容，主要是保证坐在教室两侧的学生都能够看清楚教学内容，如图 3-11 所示。

图 3-11　复制教学

二、意义关联教学

根据上一节的学习，我们了解到，双重编码理论的一个重要原则是同时以视觉形式和语言形式呈现信息来协助理解知识。同时根据多媒体学习理论的设计原则，教师在设计教学内容和进行教学展示时，尤其是在讲解某个知识点时，将与之相关联的资源同时展示出来会比单独展示效果要好，更有利于学生的学习。我们将这种借助双屏同时展示意义相关联的教学资源的方式称为意义关联教学。

为了方便教师理解，我们将从知识的形象化展示和知识的相关展示两个方面的案例对该应用模式进行解释。

1. 知识形象化展示

教师在讲解某个知识点或者概念的时候，为了方便学生认知和理解，可以借助生动、形象化的资源来辅助展示，提高教学的直观性。

案例 1：抽象文字＋形象图片

化学课中，教师介绍石墨时，利用双板分别展示石墨的性质和分子结构图，学生可以很直观、清晰地了解石墨的分子结构，进而理解石墨的相关性质，如图 3-12 所示。

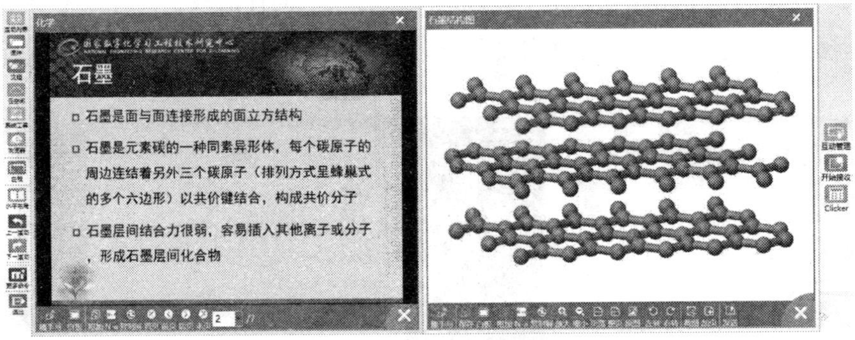

图 3-12　抽象文字＋形象图片

案例 2：抽象文字＋形象三维仿真模型

地理课中，学生在学习太阳直射点运动时，因为无法实际观察较难理解，教师可以借助三维仿真工具进行辅助解释。借助双轨展示，教师一边展示太阳直射点运动周期率的相关原理与概念，一边用三维地球工具模拟展示太阳直射点的运动情况，使学生学习起来直观形象，方便理解，如图 3-13 所示。

案例 3：直观二维图形＋立体三维仿真模型

地理课中，教师为学生讲解山的结构时，借助三维仿真模型将山的结构更清楚地展示给学生[①]，如图 3-14 所示。

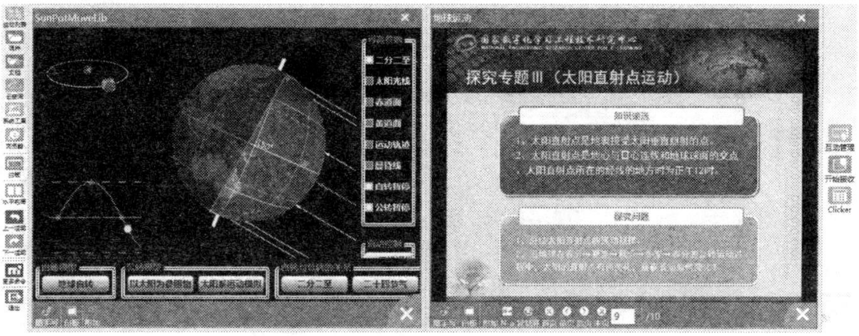

图 3-13　抽象文字＋形象三维仿真模型

图 3-14　直观二维图形＋立体三维仿真模型

2. 知识相关展示

学习中将相关联、相配套的学习资源同时呈现，如问题＋答案、题干＋问题等，解决传统单屏幕教学中因资源展示区域有限而只能分页或分设备展示的问题，方便学生参照学习。

案例 4：问题＋答案

数学教学中，基于双轨展示教学模式，在一个屏幕中展示数学问题，另一个屏幕中借助几何画板软件展示问题的解决思路和答案，方便学生进行学习和理解[②]，如图 3-15 所示。

---

① 案例来自苏州市第二十四中学朱向峰老师的多学科融合教学课。

② 案例来自苏州市第十二中学宋劼老师的数学课。

图 3-15　问题＋答案

案例 5：题目材料＋问题

教师在材料分析题目的教学中，使用双屏分别展示材料和问题，方便学生进行阅读和思考，也便于教师分析和讲解题目①，如图 3-16 所示。

图 3-16　题目材料＋问题

案例 6：知识点＋题目

教学中，教师在讲解完某个知识点后，一般会通过题目来检测学生的掌握程度。讲解题目时，可以参照教学知识点对题目进行分析，如图 3-17 所示。

案例 7：实验过程＋实验分析

基于双轨展示教学模式，将实物展台和电子白板进行有效结合，学

① 案例来自苏州市第十二中学赵琰老师的政治课。

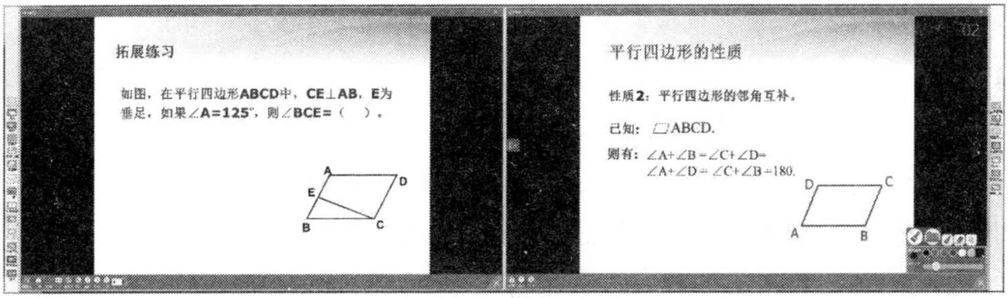

图 3-17 知识点＋题目

生在一侧屏幕上观察酸碱中和实验的全过程，在另一侧屏幕上直观看到反应中 pH 的变化，帮助学生更好地理解知识产生的原理以及知识在实际生活中的运用[①]，如图 3-18 所示。

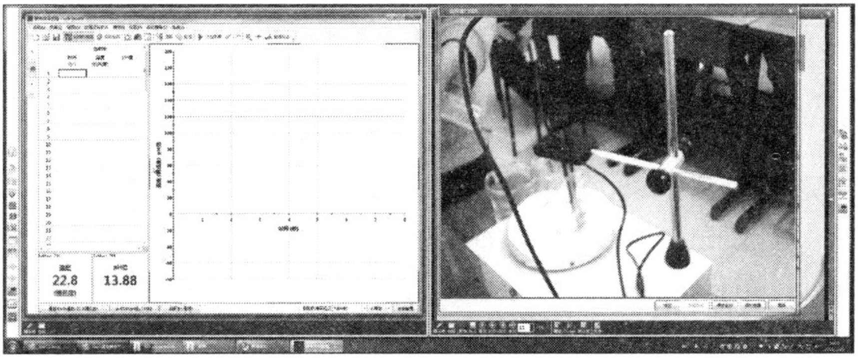

图 3-18 实验过程＋实验分析

三、知识关联教学

知识关联是指知识单元（包括文献、人脑等知识载体和概念、词语等知识内容）之间存在的各种关系的总和，包括大量的知识单元之间存在的知识序化的联系，以及所隐藏的、可理解的、最终可用的关联。人类的思维活动所产生的知识体系是一个复杂的网络系统，知识本身和知识载体之间存在着各种关联[②]。知识量与知识结构不同的人，具有不同

① 案例来自苏州市立达中学罗嘉老师的化学课。

② 文庭孝，刘晓英，刘进军．知识关联的理论基础研究［J］．图书馆，2010（4）：9-11.

的知识关联能力。对于教师来说，可在脑海中创造一个复杂的知识网络，把重要的事实、概念、程序与本领域的其他要素有机联系起来，但是大部分学生缺乏这种关联能力。在教学当中，教师时常会感慨：我已经讲得很清楚了，学生们为什么还是一知半解呢？这种感叹，有时就是因为教师忘了学生尚无法把一些复杂的事实与概念有机地串联起来。借助双轨教学模式，可以很好地实现知识点的关联学习和知识网络的有效搭建。

在智慧教室中，教师通过两个屏幕来展示教学内容，学生通过学习，掌握某一个知识点之后，接着拓展、关联到与之相关的知识点，由点到面，进一步了解其他具有相关联系的知识，对所学知识进行分析、总结，并概括出一定的规律，这就是基于双轨展示的知识关联教学模式。知识关联教学模式强调知识点与知识点之间的彼此关联和层层递进，有利于学习者系统化地学习完整的知识体系，循序渐进地引导学习者完成整个课程知识的学习。

根据知识网络中知识的逻辑结构，可以将知识关联教学分为基于线性知识关联的回溯教学和基于星状知识关联的主辅教学模式。

1. 回溯教学

知识关联的最低层次是各知识点之间的线性排列方式①，如图 3-19 所示。这种线性知识关联，是学生最容易掌握和理解的推理方式，但是在学习和运用过程中却难以“触类旁通”（在传统单板教学模式下，知识点呈现存在前后孤立、无法关联的情况）。借助双轨展示，可以将具有线性排列关系的知识点在双板中按照教学需要进行展示，即在学习知识点 2 的时候，可以在另一个屏幕上调出知识点 1 进行参照和关联学习。由于教师较多使用 PPT 来展示教学内容，教学中教师会经常调出之前的页面和当前页进行对照和关联，所以叫作回溯教学（见案例 8）。

---

① Ambrose S A，Bridges M W，DiPietro M，et al. How learning works：seven research-based principles for teaching [M]. Hoboken：John Wiley & Sons International Rights，2010：40-65.

当然，教师在教学过程中，也可以使用两个不同类别的资源来进行关联展示和教学（见案例 9）。

图 3-19　线性知识关联

案例 8：回溯教学——PPT 前后页面关联

化学课中，在学习氧化物这个概念的时候，学生必须在深刻了解化合物概念的基础上才能理解和学习。授课时，教师可以根据教学需要调出化合物的概念来参照讲解，如图 3-20 所示。

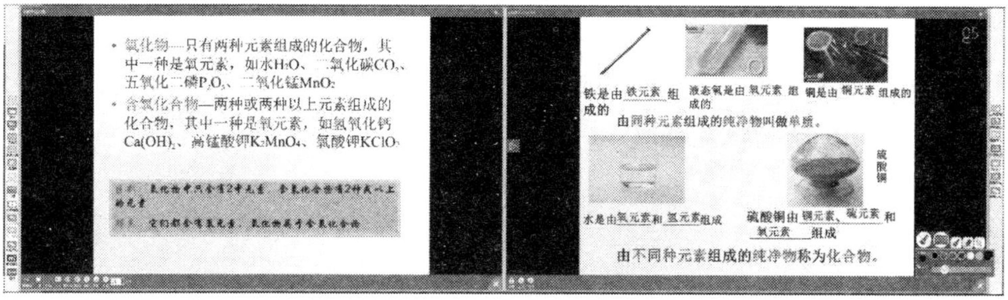

图 3-20　回溯教学——PPT 前后页面关联

案例 9：回溯教学——PPT＋几何画板

教师在讲解二次函数与一元二次方程的关系时，学生需在深入了解二次函数图像性质的基础上才能理解该知识点，故在讲授新知时，教师可以根据需要借助几何画板讲解二次函数性质，进而对新知识和旧知识进行有效关联，如图 3-21 所示。

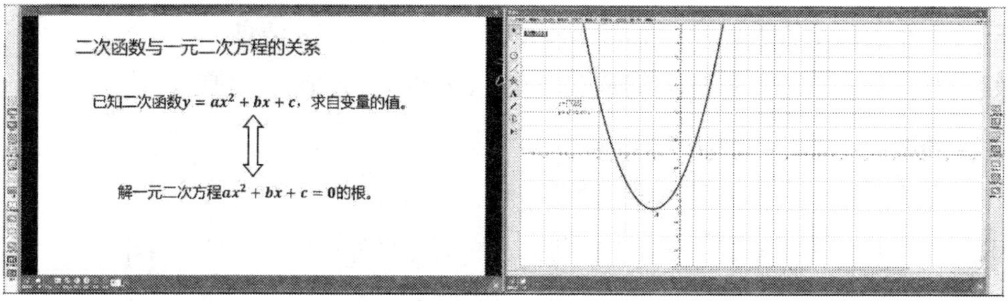

图 3-21　回溯教学——PPT＋几何画板

2. 主辅教学

星状知识关联模式呈发散形式，如图 3-22 所示[①]，在学习知识点 1 的时候，学习者一般可以想到知识点 2，还能想到知识点 3 等更多的知识，但核心学习路径是围绕知识点 1 进行展开的。由于课堂教学目标的确定性，在教学过程中一般围绕一个核心知识点进行学习，我们将这种形式称为主辅教学。在教学中，该模式较适用于对某一重点知识进行知识点的扩展分析和补充介绍，使得学生能够加深印象，重点掌握该知识点，同时能够激发学生的发散性思维，使其在以后的学习和生活中能够举一反三，结合具体情况灵活运用相关知识。基于双轨展示，教师在展示过程中，可将其中一块屏幕用来展示核心和重要的知识点，在另外一个屏幕展示该知识点的扩展或者相关联的知识。

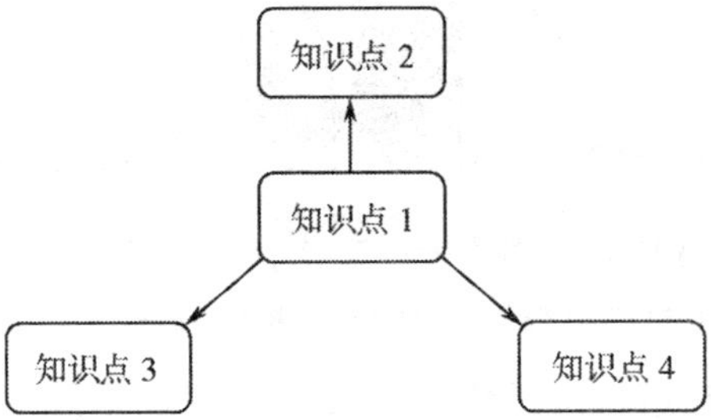

图 3-22　星状知识关联

案例 10：PPT 的主辅教学（一）

语文课中，教师在讲授某首古诗时，可采用双轨展示教学模式，在一个屏幕上展示古诗，另一个屏幕展示该首诗作者的相关信息以及诗歌的写作背景和诗的解析等，方便学生进行关联学习，如图 3-23 所示。

案例 11：PPT 的主辅教学（二）

地理课中，讲授美国农业带的分布相关知识时，基于双轨展示教学模式，使用一块屏幕显示美国农业带的分布图，另外一块屏幕显示各个

① Ambrose S A, Bridges M W, DiPietro M, et al. How learning works: seven research-based principles for teaching [M]. Hoboken: John Wiley & Sons International Rights, 2010: 40-65.

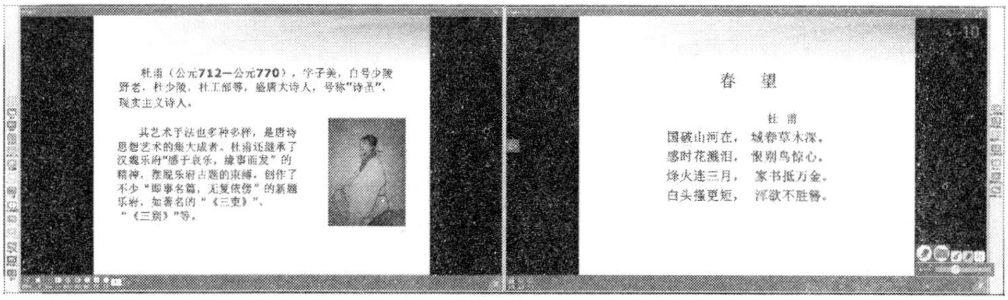

图 3-23　PPT 的主辅教学（一）

农业带的详细信息，方便学生在理解各个农业带地理位置的基础上理解各个农业带的特点，有利于学生将知识进行有效关联，如图 3-24 所示。

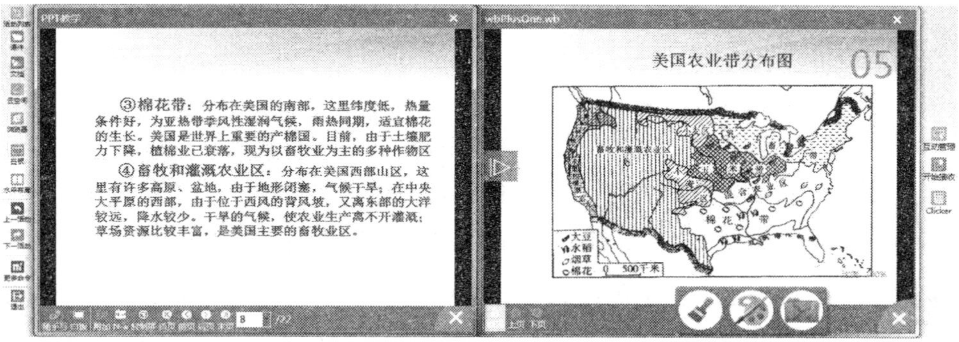

图 3-24　PPT 的主辅教学（二）

3. 教学实施建议

首先，教学之前，教师根据学生的知识、生活经验和社会文化等因素来设置教学内容和衔接方法，最好用可视化的思维导图展示知识结构，避免在教学过程中出现“专家盲点”(expert blind spot)①，即省略关联性的教学步骤，或采用简便的方法直接给出答案。

其次，在课程讲解和讨论中，清晰地呈现知识组织架构，并给学生一定的时间去观察、归纳和质疑等，强化学生对新旧知识之间以及已有信息之间的联系，建立知识系统内部信息之间的关系连接。

① Nathan M J, Petrosino A. Expert blind spot among preservice teachers[J]. American Educational Research Journal, 2003, 40(4): 905-928.

再次，可以通过课堂讨论、课堂作业的方式，鼓励学生画出自己的思维导图①，并请学生在小组内、班级内展示自己的思维导图或流程图，从而引导学生构建知识关联。

最后，采用多样的学习方式来鼓励学生达成设定的学习目标。知识关联教学的实施是否成功既取决于任课教师能否有效地进行讲解，也取决于学生能否投入精力来思考和讨论，将知识真正进行内化。实际教学中，可以鼓励学生使用“列举、解释、运用、分析、设计、判断”等学习方法来完成学习目标，教师可通过观察学生的行为变化来判断其是否达成目标。

四、比较教学

俄国教育学家乌申斯基说：“比较是一切理解和思维的基础，我们正是通过比较来了解世界上的一切。”比较，又称联系比较法，是对某些相关问题进行联系、分析，从而对相同或相似的问题进行综合，同时将不同的内容鉴别出来，建立清晰的思维网络和知识体系的过程②。教学中，教师将两个或两个以上的认识对象按照同一标准进行对照比较，从而确定认识对象属性的同异、地位的主次、作用的大小、性能的优劣、问题的难易或认识的正误、深浅，以达到辨识、了解和把握认识对象的目的，其本质特征在于“比较”、“对照”、“对比”和“参照”③。双轨展示教学的显著特点是使用双画面展示，为教学中相关教学知识/素材的同时呈现提供了空间，方便教师进行比较教学，或者对同一教学资源间的不同内容进行比较，帮助学生分清概念，提高分析水平，加强新旧知识之间的迁移，获得规律性认识。

---

① 陈峰. 知识关联教学策略在微生物学教学中的应用［J］. 微生物学通报，2015（9）：1802-1808.

② 王道俊，王汉澜. 教育学［M］. 2版. 北京：人民教育出版社，2006：108-260.

③ 李运模. 比较教学法论略［J］. 中南民族学院学报（人文社会科学版），2000，20（3）：125-127.

对比和类比是比较教学中两种常用的教学方法，利用这两种教学方法不仅有利于学生对概念、原理和方法的深入理解，也可以促进学生在学习过程中发现新的学习方法，提高思维能力。

1. 对比教学

对比是确定对象之间不同点与相同点的一种逻辑方法。它可以在相同或相异的对象之间进行，也可在同类对象的不同方面进行。在智慧教室中，教师通过双屏来展示具有相同关系的知识/资源以探求其不同之处，引导学生对知识/资源进行正反分析，使对立的知识/资源的特征和本质等鲜明有力地显示出来，促进和加深学生对知识/资源的理解。

（1）对比相对概念和强相关性知识。将相对的概念和强相关性的知识成对地展现在学生面前，使学生用辩证统一的观点认识它们的相同点与不同点，有助于学生可逆性思维能力的发展。

案例 12：对比城乡区别

为了更好地让学生理解乡村和城市的区别，引导学生自主找出城乡两者的景观差异（如房子高矮多少、人口密度、道路的多少和宽窄等），在教学中，教师将乡村景观和城市景观在两个屏幕中展现出来，引导学生对图片进行对比分析，学生在学习的过程中很容易发现两者的差别，加深对知识的理解①，如图 3-25 所示。

图 3-25　对比相对概念和强相关性知识

① 案例来自苏州市金阊实验中学陆文轩老师的地理课。

（2）对比易混淆概念。心理学研究表明，将具有某种相似性的概念或者有几种不同表示方法的概念同时展现在学生面前，找准分化点，能促使易混淆知识在学生头脑中彻底分化，有助于培养学生的辩证思维能力。

案例 13：易混概念辨析

借助双轨展示对比区别电解质、非电解质与单质的概念，强化理解单质既不是电解质也不是非电解质，如图 3-26 所示。

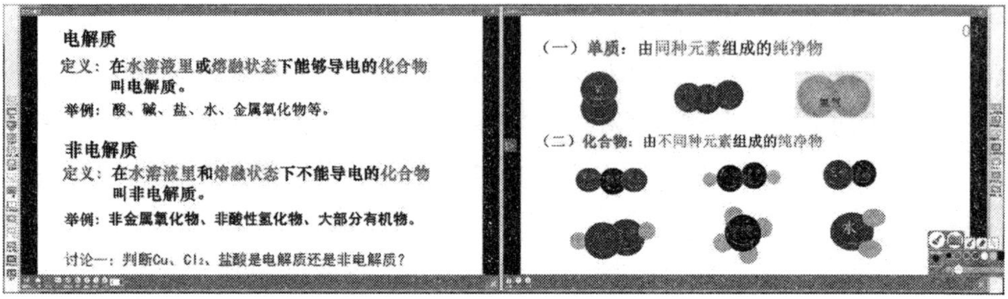

图 3-26　对比易混淆概念

（3）对比解题正误。正确与错误是一对矛盾，通过矛盾双方的对比，可以找出错误的根源，暴露不正确的思维途径，是预防和纠正学生学习中出现错误的有效方法，有助于提高学生的解题能力。

案例 14：对比解题正误

教师用两个屏幕分别展示正确答案和学生小组答案，进行点评和分析，有利于加深学生对知识的理解①，如图 3-27 所示。

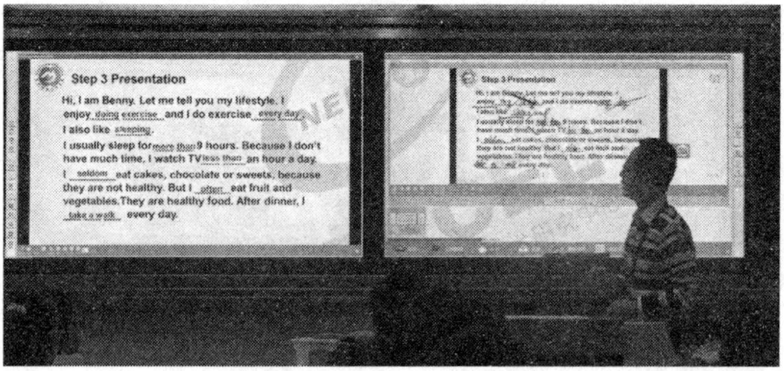

图 3-27　对比解题正误

---

① 案例来自苏州市振华中学刘振华老师的英语课。

2. 类比教学

根据知识存在内在联系的原理，教师在教学过程中从已知对象具有的某种性质推出未知对象具有的相应性质，从而寻找解决问题的途径，使学生以自己原有的知识结构为依托来学习新的知识，即为类比教学。

（1）类比新旧知识

大量教学实践表明，学生学习新知尤其是抽象知识时，不进行比较学习是很难真正理解的。因为从知识结构的角度来说，新知识是旧知识纵向深度的延伸或横向范围的拓展，依照新旧知识的内在联系，通过类比发现它们之间的相似处，有助于学生理解新知识，促进学生对知识和方法的正迁移。

案例 15：库仑定律

学习库仑定律时，与已知的万有引力定律类比，探讨两者之间的关系，并且列表比较，发现两者的公式是极其相似的，如图 3-28 所示。

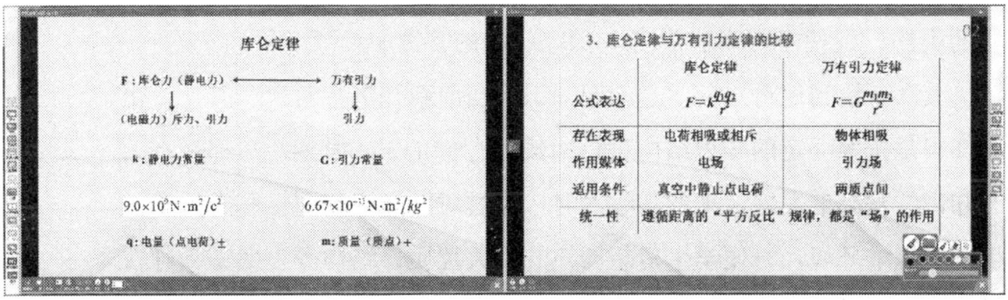

图 3-28 类比新旧知识

（2）类比解题方法

对于一个生疏或复杂的问题，可以从熟悉的或简单问题的类比中去寻求解题思路。

案例 16：长方体的三视图

教师用左屏展示现在提出的问题，右屏展示之前提出的问题，可以让学生根据前后的问题进行关联思考，帮助学生更好地解决现在提出的问题，掌握解决问题的方法①，如图 3-29 所示。

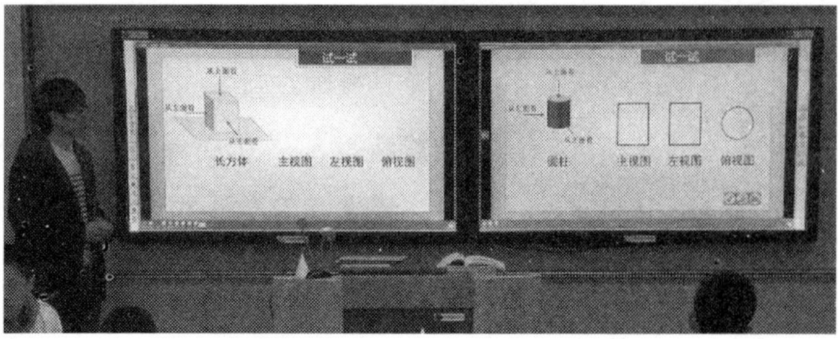

图 3-29　类比解题方法

3. 教学实施建议

首先，多运用生活经验、自然现象等进行对比和类比，培养学生在生活中观察事物、分析问题的能力。例如教师在讲阿基米德定律之前先问学生："一块铁块和一块木块放到水里，会发生什么现象，为什么？"同学会回答："铁块沉下去，木块浮在水面上，原因是木块轻，铁块重。"教师接着提出一个引起同学们认知冲突的问题——万吨巨轮是不是很重，为什么能浮在水面上？通过这一看似前提一致、结果却迥异的类比，促使学习者去思考、探究问题的答案②。

其次，恰当地将之前学过的旧知识与当前新知进行对比和类比。由于知识是按照一定的知识结构进行构建和存储的③，很多新知都是在原有知识的基础上发展而来的，学习时，通过对旧知识的回忆和类比给学生创造思维环境，方便学生猜想新知的相关性质、结构等。例如教师在讲授"球及其性质"这个知识点时，可以先请学生回忆圆的定义和性质，通过回顾搭建起新旧知识之间的桥梁，引导学生自己得出球面的定义。学生也可以将两者的定义进行类比，认清其区别与联系，在后续学习中也可以由圆的性质联想出球的性质。新旧知识之间的类比，可以帮

① 案例来自苏州市振华中学杨易老师的数学课。
② 曹瑞. 分类的认知理论与应用［M］. 天津：天津教育出版社，2011：3.
③ 钟启泉，黄志成. 美国教学论流派［M］. 西安：陕西人民教育出版社，1996：118.

助学生更好地理解问题的本质，从而“再创造”新知识。

再次，在进行教学展示时，根据双屏幕技术特点来科学设计教学内容/资源的展示方式。例如，当教学知识/资源展示量比较少的时候，可以用两页 PPT 来分别显示，如果展示量太多，可以使用两个文档进行展示，也可以做成节点资源进行展示。

五、白板辅助教学

随着信息技术在课堂教学中的应用日益深入和普遍，多媒体以其生动、直观、高效等特点，给课程改革注入了生机与活力。课件多彩的颜色、炫目的动画，很受学生欢迎，创造了好的学习情境，但随之而来的问题是黑板上的字越来越少，甚至一个也没有，板书正在慢慢退出课堂。诚然，多媒体课件有着传统板书不可比拟的优势，但板书也有自己独特的教学优势，不应该被削弱。基于双重编码理论的课堂教学资源双轨展示模式为课堂教学操作方式带来了变革，将传统操作模式与信息技术操作模式有效地统一起来，充分吸取两种模式的优势，可以实现传统黑板与电子设备的完美融合。教师上课过程中可将板书、演算、推理、标注等传统课堂活动回归现代课堂，达到了“随处可写，随时可写”的效果，如图 3-30、图 3-31 所示。根据教师常用教学需求，我们将从板书辅助教学和板书双轨教学两个方面进行介绍。

图 3-30　在展示资源上任意板书

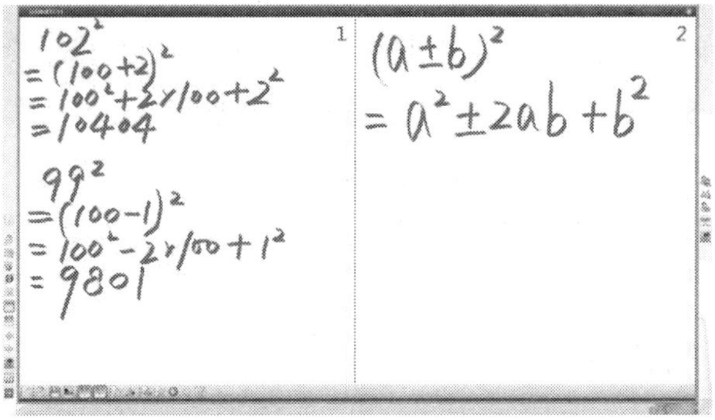

图 3-31　在白板工具上任意板书

1. 板书辅助教学

板书最大的特点在于其讲解和书写是逐次展开的，有序地展示知识结构、分析解决问题的过程，十分有助于学生逻辑思维的训练和培养。特别是在理科教学中，很多课程只有结合板书才能获得理想的效果——画图形辅助线、公式和例题的推导过程在黑板上一步一步地板演，要比多媒体演示更形象、更直接和更有逻辑性，更有利于启发和引导学生进行思考。但同时，一些非常抽象和难于理解的自然现象、知识概念及探究知识的学习，又可以借助多媒体进行展示，充分结合两者的优势可以取得很好的效果。教学中，配合教学素材（PPT、视频、Flash 动画等）的展示，教师可以根据教学需要，随时调出电子白板或液晶屏进行辅助板书，如在题目验算、公式推导和讲解时可以在白板工具上任意书写，如图 3-31 所示。

案例 17：PPT＋板书

教学中，在讲解应用题时，教师在左屏的 PPT 上呈现题目，并调出电子白板进行板书，用图示的方式画出数量关系，并且用不同颜色的笔迹加以区分，一步步地板书解题过程，引导学生进行思考①，如图 3-32 所示。

---

①　案例来自苏州市振华中学薄尊厚老师的数学课。

图 3-32　PPT＋板书

2. 板书双轨教学

教学中，有些教师不习惯使用多媒体课件进行授课，或者教师没有准备教学素材（如 PPT 等），也可以直接打开电子白板或液晶屏幕，将其当作一块数字黑板进行教学。就像黑板教学一样，教师可以将电子白板或液晶屏幕分成两个区域分别进行板书，也可以将左板或者右板作为主板进行锁定，实现任意两个屏幕的联动显示或板书对照教学。展示内容也可以用双板书的形式进行，如图 3-33 所示。

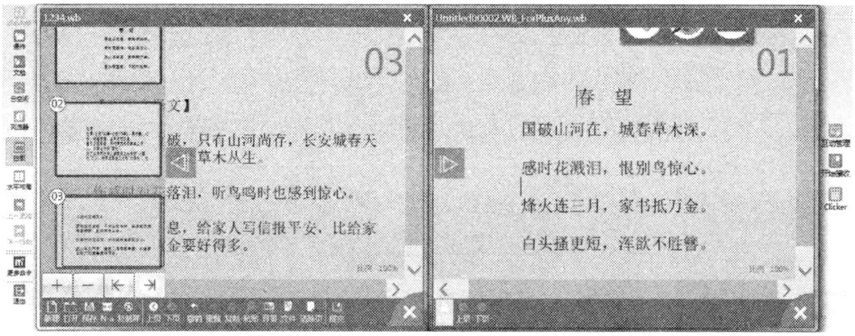

图 3-33　板书双轨教学

3. 教学实施建议

（1）教学过程中，要注意区分学生的年龄层次和课程内容。对于低年级的学生，建议使用多媒体适度激发其学习兴趣，同时借助板书循循善诱的教学优势，培养其良好的学习习惯。初中和高中的学生正处于扩大知识面和建立知识体系、培养独立思考习惯和提升逻辑思维能力的关键时期，教学中要从教学实际出发，选择合适的教学方法，使板书教学和多媒体教学相互配合，取长补短。

（2）教学中要善于应用智慧教室中电子白板的常用功能，如使用毛笔、铅笔、排笔、荧光笔等书写不同风格的文字，使用文字输入等工具输入文字，借助平台提供的二维画图（直线、曲线、圆、常用几何图形等）工具和三维画图（正方体、长方体、圆柱体、锥体等）工具进行画图，也可使用直尺、量角器、圆规等辅助工具进行教学。

（3）除直接调出板书进行辅助教学外，教师也可以使用类似于“随手写”的功能，在教学素材（如 PPT、视频等）上进行标记和画重点，随时圈画，随时擦除。

第四章

基于互动反馈的课堂教学模式与方法

随着科技对教育的渗透日益深入，信息技术的不断演化与变迁推进着课堂教学环境的发展，在教育思想和观念潮起云涌的变革时代，课堂教学以“教”为中心的教学模式逐渐向以“学”为中心的学习模式转变，培养学生的自主学习能力、协作能力和创新能力，使之成为适应信息社会需要的创新人才是当今教育教学的核心。在信息技术和教育教学协同发展的进程中，如何利用互动反馈技术构建有效的课堂学习环境，发挥其在课堂教学中的作用，培养学生主动学习的能力和思维是核心，也是本章重点关注的问题。针对目前课堂互动教学存在的问题，本章将从技术应用的角度提出如何利用课堂应答系统支持课堂教学，促进学生主动学习和协作学习，并提出相关模式和教学策略供读者参考。

第一节　反馈与课堂教学

一、问题引入

我们先来看一个例子：

在数学课堂中，老师进行“用字母表示数”的教学，首先给出以下示例：

1只青蛙1张嘴，2只眼睛4条腿。

2只青蛙2张嘴，4只眼睛8条腿。

3只青蛙（　）张嘴，（　）只眼睛（　）条腿。

（　）只青蛙（　）张嘴，（　）只眼睛（　）条腿。

师：你还能念下去吗？你能用今天学习的新方法来表示吗？（让学生写在草稿本上）

教师让四位学生板演反馈。

生A：a只青蛙a张嘴，a只眼睛a条腿。

生B：a只青蛙a张嘴，b只眼睛c条腿。

生C：a只青蛙b张嘴，c只眼睛d条腿。

生D：a只青蛙a张嘴，2×a只眼睛4×a条腿。

师：同学D能用2a、4a表示眼睛和腿，这种方法很好！

此时，还有学生举手要发表意见，但教师视而不见，开始进入下一个环节的教学①。

在上面这个教学案例中，我们可以看到，其实老师对于学生所反馈的答案并没有完整的采纳和科学的分析——对于很多学生反馈的信息，

---

① 雷锦龙.“课堂反馈”问题分析与对策建议［J］. 课堂新探，2015（3）：49-51.

尤其是与自己预设思路不符合的信息直接忽视或者重视程度不够，更别说对这些信息进行分析和研究了。在这个案例中，学生 B 和学生 C 的答案均有可取的一面——想到用不同的字母来表示青蛙眼睛和腿的数量。如果老师基于学生们不同的回答，抛出一个问题：用字母表示眼睛和腿的数量的时候，究竟是用多个字母还是用一个字母来表示更能看出眼睛和腿的数量与青蛙只数的关系？让学生对这两种表示方法进行比较，找出方法之间的异同，对学生掌握数学规律将会起到更好的促进作用。

上面这个案例所呈现出来的问题在我们日常教学中是十分普遍的，由于教学时间和环境的限制，当有同学给出老师所预设的答案后，提问环节就匆匆收场，但事实是给出预设答案的常常是一些成绩优秀的学生，其他学生的思路和想法教师无法得知。这种反馈往往是不准确的，反馈的学习情况往往高于班级真实水平，教师无法真正了解全班学生的学习情况。针对上述问题，如果可以增加教师和学生之间的互动——多了解学生的答案，增加学生之间的互动，使学生之间互相交流、互相补充、互相借鉴，教师根据学生的回答和反馈采用恰当的方法来引导学生进行思考和学习，“用字母表示数”的教学自然会水到渠成。课堂教学反馈只有面向全体学生，即对好、中、差每个层次学生的情况都有全面了解，才能依照学生的实际情况进行后续知识的教学，真正达成教学目标。

《国家中长期教育改革和发展规划纲要（2010—2020）》（以下简称《教育规划纲要》）指出了教育要以学习者为主体，充分发挥学习者的主动性。为贯彻落实《教育规划纲要》，适应新时期全面实施素质教育的要求，深化基础教育课程改革，2011 年教育部对义务教育各学科课程标准进行了修订完善。新的课程标准强调“学生是学习主体”、“面向全体学生”的概念，关注学生个体差异与不同的学习需求，尊重教育规律和学习者身心发展规律①。在教学过程中，教师应与学习者积极互动，重视学习者课堂反馈，引导学习者质疑、调查、探究，关注个体差异，促进学习者在教师指导下主动地、富有个性地学习，使每个学习者都能

① 义务教育学科课程标准（2011 年版）解读［EB/OL］.［2016-11-20］.

得到充分的发展。

二、课堂教学中的互动反馈现状分析

1. 反馈与反馈教学概述

20 世纪 40 年代，“反馈”这个概念首次在火箭工程领域中被讨论，被定义为系统为达到目的或目标而做出调整的信息。诺伯特・维纳（Norbert Wiener）认为反馈是输出信息的一部分，控制系统把信息输送出去，又把其作用结果返送回来，并对信息的再输出发生影响，起到制约的作用，以达到预定的目的①，如图 4-1 所示。

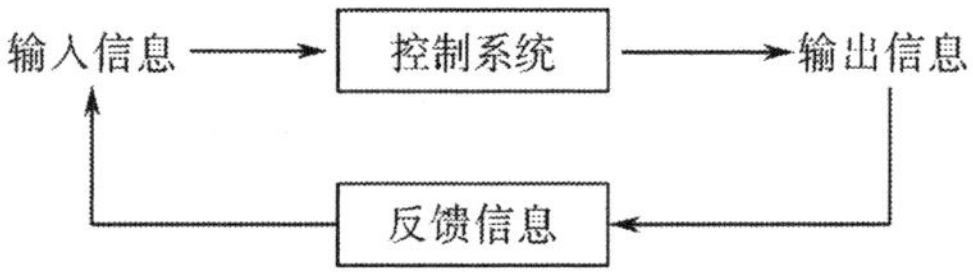

图 4-1　反馈过程示意图

反馈被看作学习过程中一个非常关键的步骤，它为教学结果与教学目的间的差距提供了参考信息。反馈应用在教学中一般是指在教学过程中，教师、学生以及师生之间不断地进行信息的交流与反馈，师生之间形成闭合的反馈环，双方相互影响。如教师 A 作为信息输出端，而学生 B 作为信息输入端，之后将反馈信息反馈给教师，教师综合分析后更好地指导学生的学习，其模式大致是 A→B→A→B……这样可体现教师和学生之间信息交流的循环往复作用，且在教学过程当中教师的主控作用得到了强化，学生的主体作用也能充分发挥出来。

教学中，当教学目的和教学结果由于客观原因而产生不一致和偏差时，反馈可对学习行为的结果和行为的目的进行调整，最终使教学目的与教学结果达成一致。

---

① J Michael Spector，M David Merrill，Jan Elen，et al. 教育传播与技术研究手册（第四版）[M]. 任友群，焦建利，刘美凤，等，译. 华东师范大学出版社，2015：513-514.

2. 传统课堂教学互动反馈存在的问题

在课堂教学中，教学反馈是优化教学效果的重要因素，通过互动反馈，教师可以及时得到学生的学习信息，检验学生学习效果，进而调整教学方式和策略，实施针对性教学指导，学生也可以根据教师的反馈来检查自身知识的准确性和完整性，实时调整学习策略，更好地发挥学习主动性和创造性①。然而，当前很多课堂中仍以教师的讲授为主，教师占主导性地位，学生较多时候是被动地接收，课堂反馈信息处理、反馈效果等方面还存在一些问题。传统课堂中存在的反馈形式主要有随堂提问、课堂练习/测验和小组讨论三种。

随堂提问是当前课堂中教师获得学生反馈信息的重要手段，一般分为两种形式：提问单个学生和提问全班学生。随堂提问可以引起学生注意，并快速得到学生的答案，方便教师进行及时点评和解析，深化学生对问题的认知和理解，是教师普遍采用的一种课堂互动形式，其教学反馈的特点如表 4-1 所示。

表 4-1 随堂提问教学反馈的特点

类别	提问单个学生	提问全班学生
对象范围	参与学生较少，且多为高积极性学生	全班学生
反馈过程	反馈信息准确，教师可对问题进行针对性分析	问题多是“是否明白”的意见响应，得不到具体反馈信息
教学效果	样本数量有限，不能代表全班水平	覆盖面广，但反馈信息不够准确，教学参考价值较低

课堂练习/测验可以帮助教师较系统地了解学生对知识的掌握情况，如对一堂课或者一个学习阶段的知识进行测评，一般通过课件（PPT）问题、课本题目和纸质试卷等进行，帮助学生巩固和复习知识，操作简单，方便易行，其教学反馈的特点如表 4-2 所示。

① 杨冠英. 互动反馈系统（IRS）在课堂教学中的应用研究［D］. 西北师范大学硕士学位论文，2013.

表 4-2　课堂练习/测验教学反馈的特点

类别	课堂练习/测验教学
对象范围	班级所有学生
反馈过程	学生完成测试只是反馈的开始，教师在整理和统计学生反馈结果时需要花费大量时间，任务量较大
教学效果	不能对学生进行及时指导，教学存在滞后性

小组讨论可以活跃课堂气氛，提高学生学习兴趣，同时更能促进学生自主学习。课堂中，学生分成若干个小组，针对特定问题进行合作研讨和自主分析，然后在组内或者班级中分享学习成果。这种学习方式有助于培养学生的协作能力、探究能力和解决复杂问题的能力，受到越来越多教师的推崇，其教学反馈的特点如表 4-3 所示。

表 4-3　小组讨论教学反馈的特点

类别	小组讨论
对象范围	以小组为单位进行学习，班级所有学生均可参加
反馈过程	搜集小组思考和讨论的共同认知，并反馈给教师，教师进行分析和点评
教学效果	分组讨论的效率和成效不好评价，成果分享方式有局限性

除了上述三种方式外，课堂中教师也经常会采用察言观色的方式获得学生的反馈信息，即通过观察学生上课的表情来掌握学生的学习情况。但即使是经验比较丰富的教师，也有猜测的成分，无法保证信息的准确性。

随着教育信息化的推进，互动反馈技术逐渐走入课堂，并逐步解决了传统课堂中信息反馈的片面性、滞后性等难题，同时也对课堂教学模式进行了重建。

第二节　课堂反馈教学模式与方法概述

一、课堂应答系统的解读

1. 初始课堂应答系统

自20世纪60年代以来，美国、英国等许多国家以学习反应信息分析系统为基础，投入了大量的资金进行互动反馈技术的开发，并研发了许多功能相似的反馈教学系统。目前，在国内外的文献中出现了类似Classtalk、Audience Response Systems、Voting Machines、Wireless Keypad Response Systems、Classroom Communication Systems、Electronic Response Systems等的表达方式，从国内外的文献综述来看，使用Classroom Response System最为常见，笔者将其译为“课堂应答系统”。课堂应答系统（Classroom Response System，简称CRS）是基于无线通信技术的互动教学设备，是用于在课堂中进行实时反馈并支持师生互动的教学系统①。它可以有效地促进课堂教学管理，提高师生互动，是信息技术在课堂教学中的一种典型应用②。

CRS一般由交互终端、接收终端和互动课堂软件三部分构成。其中，交互终端是学习者用来发送反馈信息的，接收终端是系统用来接收学习者反馈答案的，互动课堂软件主要用来帮助教师编辑题目，接收学习者提交的答案并进行分析和呈现，系统基本体系结构如图4-2所示。

---

① Carmen Fies，Jill Marshall. Classroom response systems：a review of the literature [J]. Journal of Science Education and Technology，2006，15(1)：101-109.

② 李美红，张剑平. 教学应答系统应用研究的现状与热点 [J]. 中国电化教育，2012 (5)：128-134.

教师通过大屏幕向全班展示问题，学生借助交互终端提交问题答案，系统软件即时收集学生答案并进行分析，以柱状图或栅格等形式将反馈信息实时显示在教师端，协助教师评估学生学习情况，从而动态调整教学策略，进行有针对性的指导和教学。

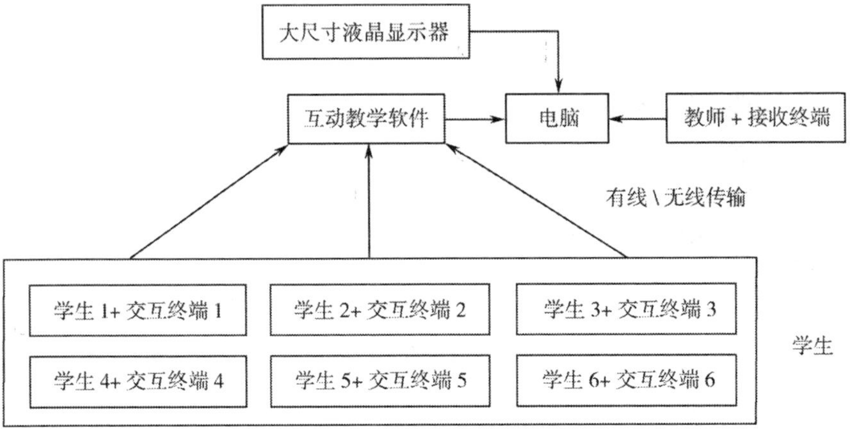

图 4-2　CRS 基本体系结构

在 20 世纪 60—70 年代，课堂应答系统采用有线连接。随着技术的进步，出现了无线的课堂应答系统。此后，课堂应答系统的硬件和软件技术逐步克服了技术和经济上的障碍，功能越来越完善。依据不同的硬件技术，课堂应答系统大致分为三类：基于红外线的课堂应答系统、基于射频的课堂应答系统和基于网络的课堂应答系统。目前常用的为基于射频和基于网络的课堂应答系统，本章着重介绍基于网络的课堂应答系统。学生采用平板电脑、笔记本电脑等作为输入设备①，课堂互动问题类型也不再局限于选择、判断等客观题，还支持主观题和开放题，学生可以回答计算题、问答题等，教师也可以基于多样化的数字资源设计相关的互动教学。此外，基于网络的课堂应答系统不仅扩展了课堂问题的种类，也可以协助学生完成课堂笔记，完成课前、课中和课后的预习、练习和作业等任务，如图 4-3 所示。

① Barber M, Njus D. Clicker evolution: seeking intelligent design [J]. CBE-Life Sciences Education. 2007, 6(1): 1-8.

图 4-3 CRS 在智慧教室中的应用场景

2. CRS 的技术特征

CRS 具有以下显著特点：

(1) 即时性。学习者回答完问题后，CRS 可立即提供图像化的反馈，这种反馈可以是单个学习者的答案，也可以是全班同学的信息，教师和学习者可以根据反馈信息对教学方式、学习方式进行调整。而在传统教学中，教师只能通过笔测或者口头提问来考查学习者的学习状态，笔测花费的时间较长，口头提问不能及时了解全体同学的学习情况。

(2) 全面性。CRS 可以全面地反映学生对教学的反馈信息，包含两个部分：①学生的反馈状态，包括学生答题人数、答题速度和提交答案的顺序、学生是否修改答案以及协助教师对学生的提交进度进行督促，另外，教师也可以根据学生的答题速度来判断题目的难易程度。②学生的反馈结果，包括答对与答错的人数、每个选项的比例以及正确率。根据反馈信息的统计结果，教师可以及时了解学生对知识的掌握情况，有针对性地开展教学，学生也可以及时开展自我反思，查漏补缺①。

（3）交互性。在课堂教学活动中，每个学习者都能通过手持终端回答教师提出的问题，进行各种交互活动，师生间的交互关系得到加强。课堂中的所有同学都享有同样的参与机会，师生之间交互公平性得到很好的保障。

（4）反馈数据可以保存。系统详细记录学习者的学习过程，协助教师进行课堂评价，为教师的补救教学提供依据。

3. CRS在课堂教学中的应用现状概述

CRS经过几十年的发展，目前已经在教育领域得到广泛应用，是近些年来教师用于改善课堂教学质量的重要信息设备之一，欧美地区已经普遍应用该设备于课堂教学中。从20世纪起，已有超过七百所知名大学如哈佛大学、布朗大学、北京大学等，以及为数众多的中小学在课堂中使用CRS，教学效果显著。目前众多学者与一线教师对基于CRS的教学模式、教学方法进行了相关研究，将CRS与教学法进行整合，促进课程的形成性评价的发展。

（1）课堂应答系统与同伴教学

国外较早将课堂应答系统应用于课堂，提出系统成熟的教学模式和流程，并取得良好的教学效果的学者是美国哈佛大学物理系教授埃里克·马祖尔（Eric Mazur）②。早在1991年，他便设计了Flash card（选项卡片），让学习者可以立即反馈问题的答案，同时提出同伴教学（peer instruction）的概念，随着技术的发展，课堂应答系统成为Eric Mazur主要的教学辅助工具，如图4-4所示。

---

① H Lee, A Feldman, I D Beatty. Factors that affect science and mathematics teachers' initial implementation of technology-enhanced formative assessment using a classroom response system [J]. Journal of Science Education and Technology, 2012, 21(5): 523-539.

② Eric Mazur. Farewell, Lecture [J]. Science, 2009 (323): 50-51.

图 4-4 哈佛大学的 Flash card 教学和基于课堂应答系统的同伴教学

同伴教学通常包括以下五个步骤：一是教师利用课堂应答系统提出问题；二是学生独立利用 CRS 作出回答；三是显示全班初步的回答结果后，把全班分成若干小组讨论基本概念和正确答案；四是学生利用 CRS 提交改进后的答案；五是教师显示正确的答案，并解释正确答案的基本原理，澄清错误概念圈①，如图 4-5 所示。

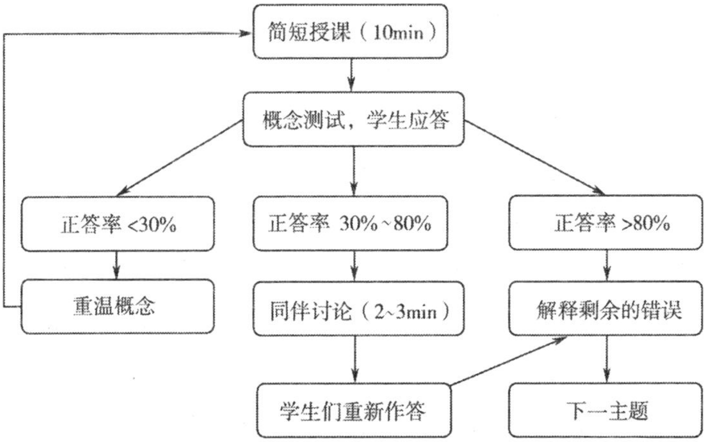

图 4-5 同伴教学（peer instruction）

后期，为了更好地完善教学效果，Eric Mazur 引用了即时教学法（just-in-time teaching）来对同伴教学法进行补充，从而形成了一套完整的交互式教学模式（interactive teaching）②。即时教学法的主要目标

---

① Eric Mazur. （Peer Instruction）同伴教学法——大学物理教学指南［M］. 朱敏，陈险峰，译. 北京：机械工业出版社，2011：6-10.

② Eric Mazur . Interactive teaching DVD：promoting better learning using peer instruction and just-in-time teaching［DB/OL］.［2011-01-20］.

在于让学习者在上课之前奠定知识基础，同时让教师找出学习者学习有困难的部分，深化学习者对所学概念的了解，或培养他们思考及解决问题的能力。这部分用到的教学策略是通过指定课前阅读，让学习者对于上课内容先产生粗浅的了解，接着要求学习者上网回答问题，让他们有机会反思自己对于阅读内容的了解程度，找出学习的困难部分。

（2）课堂应答系统与问题循环教学①

问题教学是促进师生、生生课堂交互的有效途径之一。马萨诸塞大学安默斯特校区物理教授 Robert J. Dufresne 基于合作学习和班级讨论教学理念设计了一个问题循环模式，指出课堂中的教学是从一个问题开始的，随着教学的进行会进入到另外一个问题的学习。他认为教师在使用课堂应答系统时，应将问题作为学习者进行学习和讨论的中心，课堂教学活动是围绕问题展开的，整个课堂是一个循环的过程。教师通过促进学习者之间的讨论和陈述自己的观点，引起学习者的认知冲突，帮助学习者将知识进行内化，从而有利于教师的有效辅导和学习者的自主知识建构②，其模式流程如图 4-6 所示。

除了上述两种经典的教学模式之外，杰里米·罗斯开罗（Jeremy Roschelle）于 2014 年提出一个名为 CATAALYST 的理论模型，来形象地解释技术和教学方法结合在一起可实现的多种教学预期，如图 4-7 所示。教学中恰当地应用技术，可以对学生的参与性、理解能力和自我学习控制能力等产生很好的作用③。

课堂应答系统可以给课堂教学带来巨大的变革，并能极大地改进课堂教学模式和影响学习者的学习方式。但是作为教师，我们应该意识到

---

① Dufresne R J, Wenk L, Mestre J P, et al. Class talk: a classroom communication system for active learning [J]. Journal of Computing in Higher Education, 1999 (7):3-47.

② Ian D Beatty, William J Gerace, William J Leonard, et al. Designing effective questions for classroom response system teaching[J]. Am. J. Phys, 2006(74): 31-39.

③ Roschelle J, Penuel W R, Abrahamson A L. Classroom response and communication systems: research review and theory[DB/OL]. [2012-03-06].

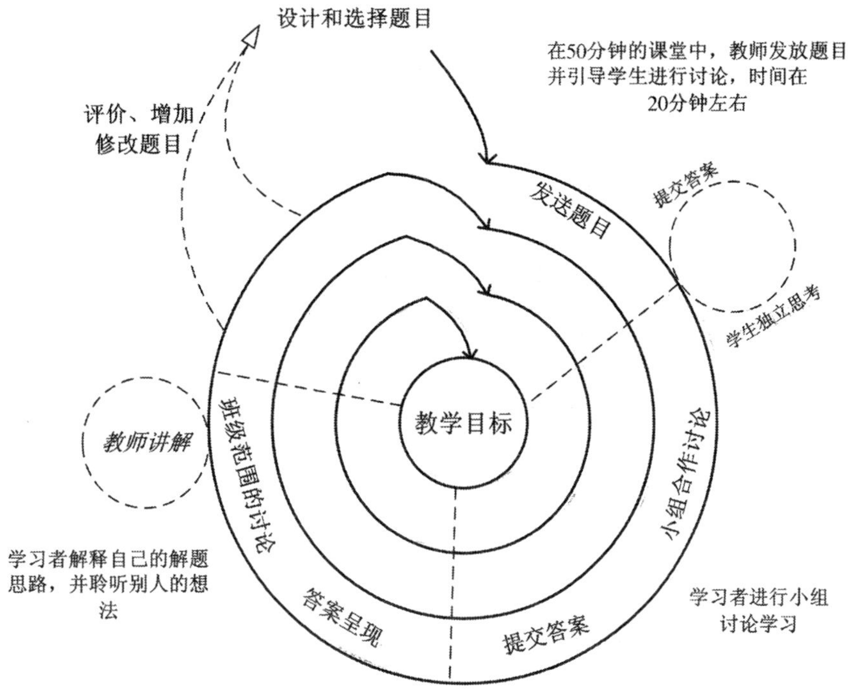

图 4-6 问题循环模式（Question Circle）

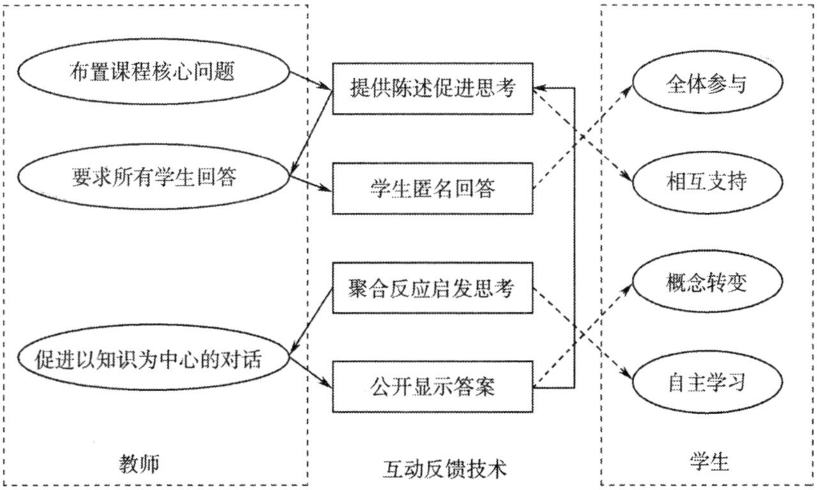

图 4-7 CATAALSYT 模型

要充分挖掘课堂应答系统的潜力，才能达到预期成效，而不是仅仅学会操作这项技术。课堂应答系统只是一个教学辅助工具，要想充分地发挥课堂应答系统在课堂上的优势，我们必须从现代教育学理论出发，结合学习者的心理认知特点，设计基于课堂应答系统的教学模式、方法和策略①。同时，课堂应答系统的应用效果也取决于课堂问题的好坏。题目设计的好坏决定能否引发学习者思考及讨论，进而影响相关教学法的成效。因此，建设高质量和丰富的题库也是非常必要的。

二、基于CRS的反馈教学模式解析

1. 基于CRS的反馈教学模式概述

基于CRS的反馈教学是利用CRS互动反馈技术开展各种课堂交流和互动活动，从而优化教学的一种新型的教学方式。教师在课堂中的某个阶段，依托CRS，根据教学内容和学习者认知差异设计相关问题，学习者通过选择、判断、抢答、抢权等个体或集体互动方式对教师设定的问题即时反馈，在参与教学的同时反馈学情。根据反馈的学情，教师可以运用参考分层、分组、同伴互动、讨论等教学策略调整教学，增强学习成效，如图4-8所示。

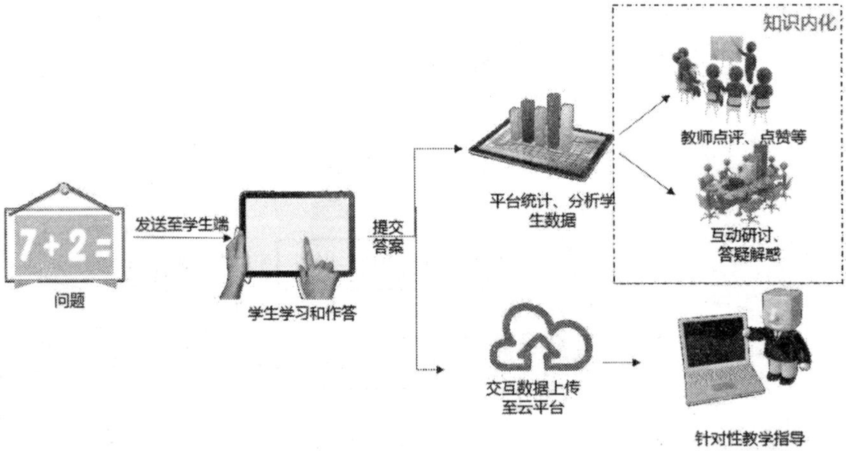

图4-8 课堂反馈教学

① 张慧芳. 课堂应答系统（CRS）在教学中的应用与研究［D］. 华中师范大学硕士学位论文，2011.

一般来说，课堂反馈教学主要由四个阶段构成，如图 4-9 所示。

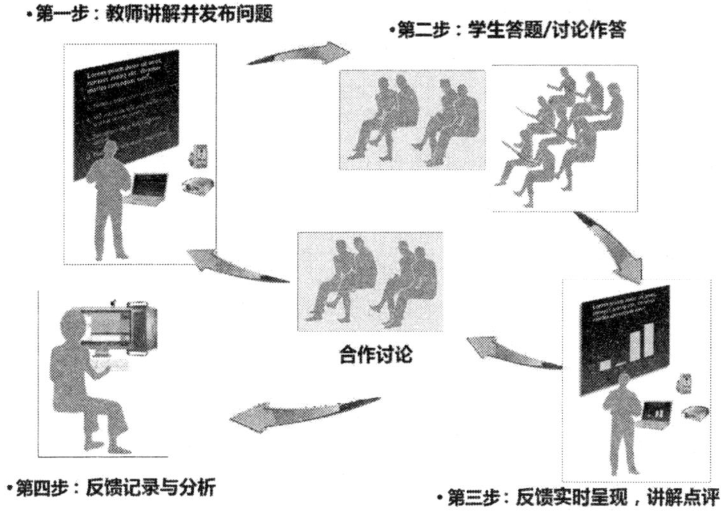

图 4-9 课堂反馈教学流程

第一步：教师在完成对某些知识点或教学材料的讲解后，将相关问题或学习资料呈现在大屏幕上（教师和所有的学习者共同注视的区域，方便教师讲解和学习者的学习），或者直接发送至学生端，供学生作答和学习。

第二步：学生接到教师题目后进行思考和作答，并借助交互终端将反馈作答反馈给教师。在这个环节，教师可以根据教学需要（如题目的难易程度、教学活动的设计等）来安排学生进行独立思考作答或者进行小组讨论后作答。

第三步：学习者提交反馈后，教师端快速显示出所有学习者的答题情况，教师和学习者可以实时了解全班答案的分布状况或对错比例，并针对学生作答情况进行点评或者讲解。在这个环节中，教师可以根据学习者作答情况来灵活安排教学活动。如果错误率较高，可以安排学生再次进行讨论和学习。

第四步：学习者的答题情况会记录在数据库中，教师通过观察、分析学习者的答题情况来掌握班级同学对知识的掌握程度，并以此为依据动态调整教学策略，同时为后期对学生进行针对性教学提供数据支持。

下面以一个教学案例[1]来详细阐述上述教学流程。

案例 1：光学原理的学习

在《光的反射、折射和全反射》这堂物理课中，老师将“夜精灵”夜间发光的现象引入教学内容，通过探索其工作原理来帮助学生厘清光的折射、反射和全反射的概念和工作原理。

教学实施过程：

（1）教师展示“夜精灵”夜间发光的视频，激发学生学习兴趣，通过让学生讲解课前学习作业，达到先备知识与所学知识的衔接，并通过教师端展示探究问题——“夜精灵”的工作原理是什么，如图 4-10 所示。

图 4-10　教师讲解并展示问题

（2）学生对问题进行思考，并在交互终端进行作答，回答完毕后，将答案提交至教师端，如图 4-11 所示。

（3）教师在教师端调出学生作答情况统计图，查看学生的作答情况。这道题目有 82.4%的学生选择了 B 选项，有 17.6%的学生选择了 D 选项，而正确选项是 A。老师分别请选择 B 和 D 选项的同学回答自己选择该选项的理由，并组织学生再次进行讨论和思考。经过个别陈述、再次思考和集体讨论，同学们意识到正确答案是 A 选项，对光的折射、反射和全反射有了更深刻的认识，如图 4-12 所示。

（4）互动结束后，该次互动的数据自动保存到课堂交互数据库中，

---

① 该案例来自华中师范大学第一附属中学苏航老师的物理课。

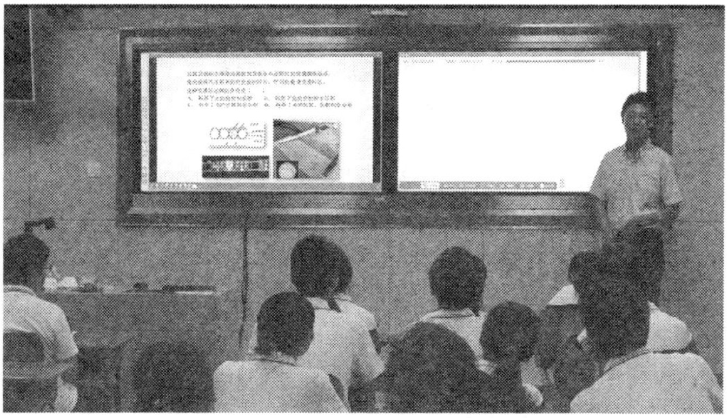

图 4-11　学生作答并提交答案

图 4-12　反馈展示与点评

为学生后期复习提供参考，也为教师掌握学生学习情况、实施补救教学提供指导。

通过以上介绍，我们可以看出反馈教学模式主要有以下特点：

(1) 实时诊断教学效果，及时调整教学策略。传统的课堂小测验，教师需要分发、收集并批改试卷，最后还需要记录成绩，显然需要耗费大量的时间和精力。借助课堂应答系统，学生利用平板或者电脑回答问题，提交答案后，系统几乎同时接收、处理学生的相关反馈信息，并提供图像化的反馈（如成绩柱状图、分布图等），比传统课堂测验效率高，教师可以根据学生的反馈情况，及时调整教学策略，如图 4-13 所示。

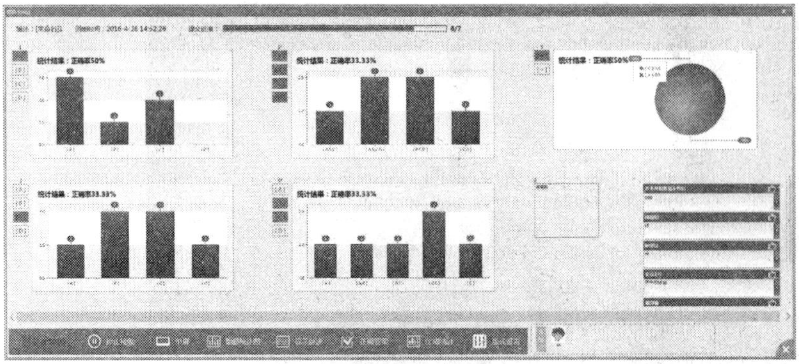

图 4-13　学生答案的图像化反馈

（2）全员参与，全面掌握学情。全班同学都能参与课堂互动，保证了每一位学生的课堂参与度，教师在掌握了全班学习现状的基础上，可准确定位每个学生的学习问题，从而进行有针对性的教学指导。同时，保证了全体学生的学习机会，从而方便教师掌握全体学生的学习情况。

（3）数据数字化保存，生成形成性评价。CRS 在教学过程中提供即时的统计信息与数据，支持老师及时开展课堂评价（即形成性评价），适时对学生进行有针对性的指导和反馈。同时，每次反馈信息可以数字化保存，详细记录了每个学生的课堂参与过程与结果，方便教师对这些生成性数据进行分析与总结，全面掌握学生学习信息。教师也可以根据学情分析反思自己在教学设计、教学内容和教学方式上存在的不足，调整后续教学实施方案。此外，学生的课堂生成性数据，也便于家长全面了解学校的教学情况。

（4）交互模式多元化，为教师实施课堂教学创新提供可能。支持教师进行多元的课堂互动，在互动内容方面支持教师常用的互动素材，如练习、测试、作业等，也支持教师的课件和学习素材；在互动方式方面支持教师进行一对一交互、小组交互和班级交互；在互动情境方面既支持教师进行学习效果及时测评，如随堂练习、课后作业和课堂测试等，也支持教师进行任务探究学习。在智慧教室中，教师可以进行多种教学模式和方式的探索，如小组学习、个性化学习、竞争学习、分层教学、探究学习等，如图 4-14 所示。

图 4-14　多元化课堂反馈教学

2. 深化 CRS 反馈教学应用，促进主动学习

目前，CRS 在课堂中的应用主要侧重于以下三个层面[①]：

层面一：对课堂的有效控制。主要包括考查学习者的上课出勤率、吸引学习者在课堂上的注意力和确保学习者完成指定的练习和测试等。

层面二：进行基于学习者学习情况的指导，方便教师进行形成性评价。系统可以快速显示出所有学习者的答题情况，教师可实时了解全班答案的分布状况或对错比例，从而掌握学习者对知识点的掌握程度。教师以此为依据动态地改变教学策略，制定符合学习者需求的教学计划。

层面三：以小组合作为基础的主动学习。教师摒弃了以往的“ballistic”（弹道式）教学模式（为学习者呈现某些知识点，之后测试、检查学习者是否完成了教学目标），通过课堂应答系统来开展师生互动、小组讨论等学习活动，促进学习者的知识建构和主动学习。

目前，较多教师对 CRS 的应用仅停留在第一个和第二个层面，殊不知第三个层面在帮助学习者进行深度思考和知识建构方面起着重要作用，对实际教学的意义更大。课堂讲授和操作练习对于知识传授具有得天独厚的优势，但不利于培养学生解决复杂问题的能力，而教学的最终目标是要培养学生运用所学知识解决复杂问题的能力。建构主义学习理

① Ashley Deal. Classroom response systems: a teaching with technology white paper [EB/OL]. [2010-06-06].

论认为，“学习是以学习者为中心，通过学习者与学习环境的交互作用，主动建构意义的过程”①，因此学习者必须主动地投入到学习中，积极面对认知冲突，通过同化、顺应将新知识整合到自己已有的认知结构中。借助 CRS，教师依托教学问题引导学生思考、讨论，通过同伴学习、小组讨论或班级互动，调动学习积极性，因此 CRS 被视为促进主动学习的工具。

基于问题驱动的反馈教学，通过问题的提出、思考、回答、讨论的循环过程促进教学目标的达成。CRS 呈现的教学问题是课堂教学动力的核心，在教学问题的循环引导下，一方面可以促进学生主动学习，另一方面帮助教师根据学生反馈灵活调整教学，如图 4-15 所示②。因此，设计有效的教学问题是发挥教学系统整体功能的关键。

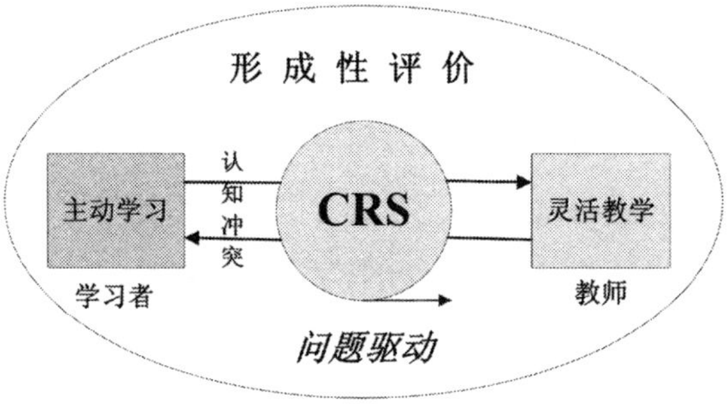

图 4-15　基于问题驱动的反馈教学

在课堂教学中，教师通过向学习者发送 CRS 题目、组织学习者回答问题和对问题进行讨论等活动来促进学习者的思考和学习，并引导学习者积极地参与。学习者的学习和知识的掌握也发生在这些活动中，当学习者发现自己的回答有误时，原有的认知结构不再平衡，发生认知冲突。学习者为了解决这种不平衡状态，经过分析、思考、总结和讨论，重新主动而不是被动地建构新的概念，最后形成新的知识结构。这些活

① 何克抗. 对美国《教育传播与技术研究手册》（第三版）的学习与思考之一——对“建构主义学习原则”和“建构主义教学设计”认识的深化［J］. 电化教育研究，2013（7）：5-11.

② 张慧芳. 课堂应答系统（CRS）在教学中的应用与研究［D］. 华中师范大学硕士学位论文，2011.

动是整个课堂教学的核心，促进学习者的主动学习是课堂教学的最终目标，而怎样促进学习者进行主动学习是教师要承担的重要任务。灵活教学是指教师在课堂中所使用的一种反馈循环教学方式。教师在整个课堂中仔细观测学习者的学习状况，了解他们的学习困难，并对学习过程进行有效引导和管理。灵活教学意味着教师将学习者看作是具备不同学习需求的独立学习个体，针对学习者的不同需求来设计针对性的策略和方法①。教师的任务是促进学习者对问题积极思考，为学习者创造良好的学习环境与学习氛围，帮助和促进他们进行主动学习。

三、教学策略和实施建议

基于问题驱动的反馈教学与传统的直线式、授课式教学相比，需要不同的策略和方法。除了要掌握 CRS 的基本操作之外，教师还要设计详细、明确的教学目标，设计基于形成性评价的课堂问题，掌握动态而又高度互动的课堂环境的营造技巧，协助学习者的学习并进行指导，基于学习者的反应做出快速而又恰当的反应，引导学习者进行主动学习等。

1. 应用阶段

课堂教学是一个不断反馈调控的过程，借助 CRS 可以很好地进行课堂数字化测评和过程性评价。教师可以根据教材特性，安排评量的时间，其阶段划分如表 4-4 所示。

表 4-4 CRS 课堂教学应用阶段

教学阶段	说明	主要目的
课堂一开始	在课堂开始的时候，请全班学生回答 3～5 个问题，问题内容为本次上课的重点或前次授课内容	1. 了解学生的预习状态 2. 评估前次学习成效 3. 刺激学生主动学习

① 张慧芳. 课堂应答系统（CRS）在教学中的应用与研究［D］. 华中师范大学硕士学位论文，2011.

续表

教学阶段	说明	主要目的
课堂结束前	在课堂结束前，请全班学生回答 3～5 个问题，问题内容为本次授课重点	1. 评估本次学习成效 2. 引导学生专注于课堂教学内容
穿插于课堂活动中	在课堂活动中，每隔一段时间即抛出一个问题让学生反馈答案，必要时进行讨论或请学生发表想法	1. 随时掌握学生是否了解讲解内容，借此了解教学进程 2. 鼓励学生思考与讨论 3. 帮助学生专注于学习

2. 确定教学目标

对于基于问题驱动的反馈教学来说，教学目标是学习者要学习什么知识，而不是学习什么教材。“这堂课将讲授轨道行动”和“这堂课将帮助学习者在理解轨道运动的基础上思考轨道运动的基本理论”，这两种教学目标看上去差距较小，其造成的影响却天差地别。第一种教学目标的设定有可能造成下面这种影响——在形成性评价指明学习者根本就没有掌握知识的情况下，教师为了完成预定教学纲要的要求，进行快速授课而不管学习者的掌握程度。

为了更好地促进学习者的主动学习，教师应该将自己定位为学习者学习知识的辅助者，而不仅仅是知识的呈现者和传递者。当教师制定教学目标并实施的时候，教师应该从心理行为和课程内容两个方面进行设置，可以参考布鲁姆的认知领域目标分类标准，将教育目标分成认知领域、情感领域和动作技能领域①。基于物理学科的教学，Robert J. Dufresne 提出了 12 个思考习惯，并指出学习者在学习过程中应该注意这些思考习惯的养成，同时教师在教学过程中也应注意培养学习者这些思

① 李艳霞，司继伟. 论布鲁姆认知领域教育目标分类的修订及其教育含义［J］. 文献资料，2007（36）：95-96.

考习惯的形成①。12 个思考习惯如表 4-5 所示。

表 4-5 Robert J. Dufresne 提出的 12 个思考习惯

基础技能	高级技能
寻找可选择的呈现方式	探索多种解决方案
对比和对照	分类
对事物和知识进行解释、描述和描写	讨论、总结和制定模型
预测与观察	计划、制定策略和进行证明
扩展背景	反思与评价
控制对话并对对话进行提炼	元沟通

在课堂上，如果教师将课堂定义成“我们希望学习者做什么”，将学习内容定义成“学习者学习的辅助材料”，上面所列举的思考习惯就较容易养成。例如，教师在教学过程中不再将问题或者疑问（比如说试题、作业或者课堂中的形成性评价任务）仅仅看作是学习者应该知道的事实或者仅让他们进行相关计算，而是让学习者利用图形、数学关系式或者文字对学习内容进行描述，让学习者对照、对比两种过程或者问题情境，描述系统的进化行为，改变系统的系数，猜想其效果，使用两种不同的方式来解答一个问题，借用某些标准将一系列的情境进行分类，思考问题的解决策略，对比他们在学习过程中所学到的最有价值的东西和他们一开始想知道的东西。教师应该在教学过程中引导学习者进行这些思考习惯的锻炼，并为他们展示该学习领域中专家和学者的思路。

参照多线程学习的原则，教师应该将学习内容看成是一个复杂的结构，引导学习者学习那些内部关联的、有组织的知识点和技能，多次进行知识学习，使学习者能从全局和结构细节两个维度进行掌握。

① Dufresne R J, Gerace W J, Mestre J P, et al. ASK-IT/A2L: assessing student knowledge with instructional technology (technical report No. UMPERG-2000-09) [C]. Amherst: University of Massachusetts Physics Education Research Group, 2000.

3. 反馈问题设计的策略

CRS应用于教学实践中必须以问题为驱动，依托问题可以引导学生进行思考和讨论，通过同伴学习、小组或班级讨论，调动学生学习积极性，促进学生的主动学习。对于教师来说，操作CRS相对比较容易，更多的挑战在于如何创建和改编合适的题目，促进有效的课堂教学。而设计和编写问题是一项要求高、难度大的任务，因为一个有效的题目通常具备以下特征：具有特定的教学目标、让学生感知教学内容的多种观点、揭开概念的混淆和误解、在新的情境中探究主题、促进学生的讨论和合作。因此，如何让问题符合学习的需要，是教师面临的挑战，而有效的问题与以往的课堂问题、家庭作业中的问题存在着巨大的差异。

美国麻省理工学院的Ian D. Beatty提出了一系列的CRS题目设计策略，对我们设计CRS题目有很大的参考价值。Beatty教授认为，CRS题目应该体现明确的学习目标，教师设计的题目不仅仅为了向学习者展示某些特定的知识和信息，更重要的是激发学习者的学习兴趣，刺激学习者进行深度思考，培养他们掌握科学的思维方式和解决问题的方法。他认为一个好的题目应该包含以下三个目标①：

（1）知识目标。要明确问题的知识目标，我们先要明确教师想要对学习者呈现什么样的课程材料。知识目标即题目所直接呈现的内容，包括一些概念、原理和它们之间的关系，一般应该是概念性和基础性的，并且能够在课程的各个环节相互衔接。在课堂教学中，知识目标具体是指教材中的基础思想、核心原理、概念间的异同以及概念结构，等等。在对这些知识进行详细了解的基础上，学习者通过阅读和做家庭作业来学习一些相对高深的知识。

（2）过程目标。过程目标即学习者应该掌握的各种认知技能和思维方式。如果说知识目标是为了回答某个问题而需要的特定知识，那过程

① Ian D. Beatty，William J Gerace，William J Leonard，et al. Designing effective questions for classroom response system teaching[J]. Am. J. Phys，2006(74)：31-39.

目标即是学习者怎样应用这些知识来进行答题，所以过程目标也被称为认知目标。学习者在学习过程中要养成一个习惯：学习必要的概念和它们之间的关系，并进行思考和推理，进而得出结论。为了达到过程目标，学习者在解题的过程中除了探索问题的答案外，还要锻炼分析问题的能力。

（3）元认知目标。元认知目标是学习者在解题过程中所建立的相关学习法的视角，即对学习一门课程的看法，包括如何进行思考、学习或者是怎样实施教学的，等等。例如在物理课程的学习中，记忆和应用那些公式和等式对现实世界是否有意义，学习者应该单独学习还是进行合作学习，是学习细节重要还是学习大纲重要等类似的问题，这些都是基于学习法的。Beatty 教授认为，学习者的元认知认识越积极、越明确，教师的教学效率就越高。

除了上述目标之外，Beatty 教授还提出了一些细化的题目设计目标和详细的设计策略，如表 4-6 所示。

表 4-6 题目设计目标与策略

题目设计目标	题目设计策略
吸引学习者注意力，专注于课堂 directing attention and raising awareness	去除题目中与教学目标无关的东西(remove nonessentials) 进行对照和对比(compare and contrast) 扩展练习(extend the context) 重用相似的问题情境(reuse familiar question situations) 题目回溯(oops-go-back)
促进学习者之间的联系和讨论 promote articulation/discussion	设计侧重知识关联性与争议的、高质量题目(qualitative questions) 设计侧重于分析和思考的题目(analysis and reasoning questions) 设置多种可能的答案(multiple defensible answers) 题目中包含隐藏的条件或条件不明确(require unstated assumptions、trap unjustified assumptions、deliberate ambiguity) 题目中给人以误导(trolling for misconceptions)

续表

题目设计目标	题目设计策略
促进学习者的认知过程 stimulate cognitive processes	明示题目的意思(interpret representations) 对照和对比(compare and contrast) 扩展背景知识(extend the context) 分辨集合或者子集 (identify a set or subset) 划定变量的范围(rank variants) 使用更简单的解题方法(reveal a better way) 仅制定策略(strategize only) 题目包括无关的信息(include extraneous information) 省略必要的信息(omit necessary information)
将反馈数据应用于形成性评价中 formative use of response data	选项中包括学习者常犯的错误(answer choices reveal likely students difficulties) 使用“以上全不对”的选项(use “none of the above”)

同时，笔者在上述题目设计策略的基础上增加一条建议——题目的设计也要与真实的世界相联系，即题目要应用在真实的场景中，呈现真实世界中的问题。

教师在设计 CRS 的题目时，也可以从以下情景中寻找合适的题目：

(1) 教师在课堂中向学习者提出的问题。这些问题包括教师希望学习者掌握的知识或者某些有趣的例子（例子可以帮助学习者了解真实的世界）。

(2) 倾听学习者对于课堂提问的讨论。这些讨论能够很好地反映出学习者的学习困惑，教师根据这些线索可以设计出很好的问题。

(3) 学习者在课堂中提出的问题。将某一个学习者提出的问题发送给全班同学，进行班级讨论。

(4) 设计一些与关联知识相关的题目。很多学习者将新学习的知识和原有的知识进行关联时有困难，教师可以试着设计这方面的题目，训练学习者关联前后知识的能力。

此外，为了更好地实现 CRS 的教学效果，建立大量而丰富的题库也是必要的；但这是一个人很难完成的，需要有 CRS 教学经验的人一起进行建设，教师之间进行资源和经验共享。第一次使用 CRS 的教师在进行教学时，可以先借鉴别人的成果，从有 CRS 教学经验的教师处借阅一些题目，或者直接从网上查阅相关的问题库。例如，ConcepTests（概念测试试题库）是哈佛物理学家 Eric Mazur 创设的，访问 Mazur 的网站就可以查阅许多物理学科的题目①。另外，在国外的一些网站上也可以查阅相关物理、化学、生物和地理科学等学科的题目②。此外，美国康奈尔大学启动了 Good Questions Project③，由资深教授 Maria Terrell 带领，该项目专门进行数学方面题目的设计，相关数学教师可以访问他们的网站。

4. 教学实施策略

(1) 教学调控引导策略

应用 CRS 强化对反馈信息的及时收集，就是在教学进程中要及时引导调控教学。教师要通过 CRS 清晰、全面、及时地了解学生的学习状况，如对将要学习的知识了解多少，学习新知所需的基础知识是否掌握，每个教学环节的预期目标是否达到，学生对教学是否满意等。教学过程要“摸着石头过河”，不断反馈调整，根据学生的情况，引导他们向社会化和个性化发展的目标前进。

具体实施建议有：

第一，分步引导，分步调控教学的策略。分步教学是将基本知识的获得分为几步，每步都提出相关问题，引导学生利用 CRS 表态并阐述意见，几个步骤形成递进关系，从而引导学生思维逐步深化，同时可以了解每个学生的思维过程，并开展有针对性的教学，最后进行拓展应用

① Interactive Learning Toolkit - BQ [EB/OL]. [2016-12-25].

② ConcepTests (clicker questions) for science and math classes [EB/OL]. [2016-12-25].

③ Good Questions Project [EB/OL]. [2016-12-25].

和总结评价。

第二，分层调控教学的策略。分层教学是运用CRS对要达到的主要知识目标进行测查，根据测查结果对已达到和未达到目标的学生进行不同的教学，最后进行总结评价。对于需要达标通过的重点步骤，可结合小测验，利用CRS开展分层教学。

（2）激励课堂气氛的教学策略

通过CRS进行匿名的按键回答，学生不必由教师指名而被强迫回答，不用担心回答错误而丢面子，给学生安全感；精神不集中或打瞌睡的学生也可以被问题吸引而集中注意力。学生通过主动按键对课堂产生一定的操控感，从而调整课堂气氛，激发学生兴趣。

（3）激发学生内部学习动机的教学策略

所谓内部动机，是指学习者在学习过程中发现学习的源泉和报偿，形成上进的需要。给学生呈现有趣的、有吸引力的问题，能使他们产生探索和参与的欲望。利用CRS提出问题，激发思考，唤起注意，可以有效地激发内部动机。

布鲁纳列举出激发内部动机的几个具体方法，这些都可以很好地利用CRS来实现操作：

①利用惊奇。例如："在10厘米线段上划分点的总数，同在一千米的线段上划分点的总数，何者为多？"用CRS设计选择题，学生大都选择后者。但奇怪的是，两者的数目相等。为什么呢？从而进一步引申。

②激发疑惑。例如："蜜蜂能向伙伴正确地报告离巢4千米远的东北方盛开着带蜜的花。蜜蜂究竟用什么绝招传递信息的呢？"让学生思考后利用CRS抢答。

③设计困境。例如："将1、2、3、4至99、100的数字加起来，不用笔算，用心算做做看。"让学生思考后利用CRS抢答。

（4）群体激励的教学策略

教师可以通过CRS呈现教学设计中的内容，进行情境创设，包括教学情景的多媒体呈现和互动参与，强化全体学生的反应。利用CRS

的抢权、抢答、淘汰赛等功能开展竞赛和竞争，可以创设多种具有吸引力的教学活动，使学生获得激励。教学中注重分组讨论与竞赛，形成组内协作、组间竞争，培养学生的集体荣誉感，促进师生交互、生生交互，形成群体激励效应。

5. 课堂管理策略

（1）在课堂中学会适当放权。在传统课堂上，教师们对课程进行精心设计，上课时严格控制教学的进度，教学焦点聚集在教师身上。然而对于基于 CRS 的反馈教学来说，为了让学习者自由地讨论和互动，教师有时候就要把课堂控制权交给学习者。教师要做的是对略显混乱的教室进行有效的管理和引导，而不是严格地控制。此外，灵活教学更意味着在实际课堂教学中，教师必须随时准备修改原来的教学计划，有时候甚至要抛弃原来的计划而进行即兴讲解。

（2）灵活控制学生讨论时间。在课堂中使用 CRS 可以帮助教师在学习者进行讨论之后重新获得他们的注意力。学习者在经过一段时间的讨论后，回答某个问题，教师实时呈现学习者的答案，学习者的注意力就集中在答案分布上了，学习者很想知道别的同学为什么选择其他答案。教室的嘈杂程度可作为教师安排讨论的时机及时长的依据①。学习者开始进行讨论时，嘈杂度会逐渐增强，但是当他们形成统一意见之后，课堂会慢慢趋于平静。这个时候，教师就可以打断学习者的讨论进行下一步环节了。

（3）多策略多方法地鼓励学生参与讨论。在课堂教学中鼓励所有的学习者都参与小组讨论和班级讨论是非常重要的。在请志愿者对答案进行解释时，教师要注意保持中立的态度，不要向学习者暗示哪些答案是正确的，哪些答案是错误的。当学习者对问题有不同看法时，建议他们进行讨论，并对别人的答案进行质疑。如果没有人提出明确的观点，询问是否有人将思考过程进行分享也是很好的方法。同时，在课堂中教师

---

① Derek Bruff . Teaching with classroom response systems: creating active learning environments [M]. USA: Jossey-Bass publishing,2009:113-114.

总结或者转述学习者的观点是非常有效的，尤其是在环境有些嘈杂的教室中。但是此时要注意一点，在转述学习者的观点时，要和学习者的原始观点保持一致，而且确保学习者对此转述没有异议。

（4）鼓励学生对问题本身进行思考。当教师们决定放弃中立立场，而对学习者提供一些启发时，不要侧重于讲解哪些答案是错误的，哪些是正确的，这会让学习者过多地在乎他们是否答对了问题，而不再对问题本身进行思考和理解。在讲解的时候，教师不要简单地评价某一选项或者是某一陈述是错误的，最好以这样一种方法进行讲解——“如果这样，那么他就是正确的了”，为学习者提供多种解决方案。这种方法会降低学习者的挫败感，进而减少因为挫败感而造成的对学习的阻碍。有的时候，学习者没有做对是因为他们审题不严，将“正确”的答案提供给了“错误”的题目。如果学习者们没有意识到这一点，教师就简单地告诉他们答错了，会给学习者造成困惑而不是给他们启发。

（5）转变角色定位，成为学生的学习伙伴。教师对班级讨论进行控制很容易将一个原本以学习者为中心的课堂变成一个以教师为中心的课堂。但是，教师如果从学习者的看法和观点出发，而不是以权威的角色进行引导和发言，就可以避免这种情况的出现。同时，如果问题本身存在错误，教师也不要马上指出来，而是让学习者进行讨论之后找出来。当学习者正在进行小组讨论和回答问题的时候，不建议教师讲话或者重复问题，我们既然说要让学习者进行自主学习，就要给学习者充分的空间①。

① 张慧芳. 课堂应答系统（CRS）在教学中的应用与研究［D］. 华中师范大学硕士学位论文，2011.

第三节 教学应用和案例分析

CRS在课堂的应用模式是多种多样的，教师可以根据自己的教学需要进行设计和实施，常见教学方式包括测试评量、抢答、随机选人作答等，下面结合具体案例对典型的应用模式进行介绍。

一、测试评量

通过检测学生对题目的回答情况来了解其对知识的掌握程度，是CRS在教学中的基本应用形式。CRS也支持教师设计主题式的学习内容，教学时一边讲解，激发学习者学习动机，一边进行评量，应用方式如表4-7所示。

表4-7 测试评量教学应用方式

在课堂中的应用方式	教学建议
课中教学活动：教师可针对课程内容，编制学生容易出错的题目，学生每作答一次就进行讨论，利用其及时评价功能	教师及时显示学生答案，使学生得到及时反馈，并进行针对性教学
小组合作学习：针对小组学习内容进行合作学习，借助CRS的评量功能，检验合作学习的成果	学习任务目标和考核标准清晰，学生好进行准备
课堂结束前：课程结束后，针对课程内容进行全班测评	测评结束后，教师对测评结果进行关注和检查

根据学生的参与方式，下面将重点介绍班级全员互动（包括客观题互动、主观题互动和拍照互动）和小组合作互动两种形式。

1. 班级全员互动

班级全员互动是教师最常使用的一种互动模式，教师在讲授完一个知识点后，通过简单的互动可快速检验学生对知识点的掌握情况，并根据学生回答情况进行点评和指导。在智慧教室中，借助反馈互动平台，可以让班级中所有的学生都参与到课堂互动中，保证了每一位学生的学习机会。

案例 2：客观题互动

本案例以初中英语听力环节为背景进行设计，教学内容是频度副词及相关内容。教师课前根据教学需要将听力题目做成测试试卷，上课时用双板分别展示测试试卷和教学音频，将测试卷发送至全班同学，并播放听力音频，要求学生答题。学生完成听力练习后将答题结果反馈给教师，教师收到学生的反馈后，调出统计图，并根据系统的数据分析结果有针对性地进行讲解，还可以查看每个选项有哪些学生选择，针对个别学生提出建议①，如图 4-16 所示（详细步骤请参考案例 1）。

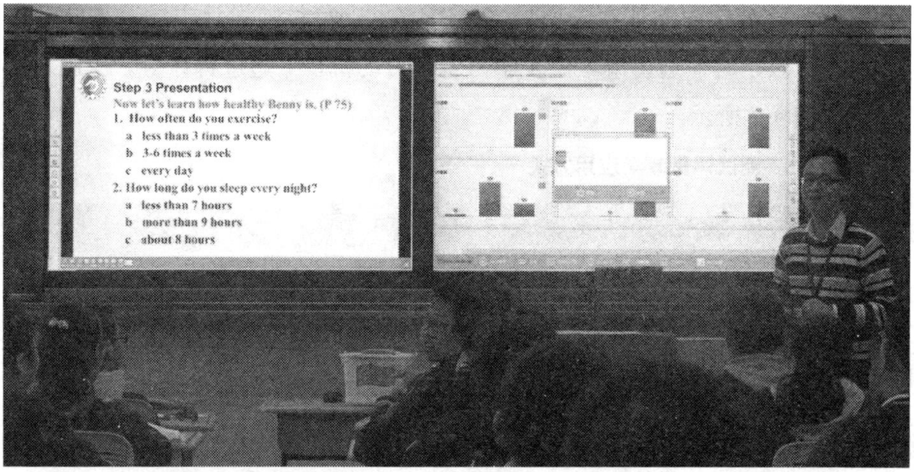

图 4-16　客观题互动

案例 3：主观题互动

本案例以初中数学课《用图形来观察整式的加减》为背景进行设计，教学内容是用等腰直角三角形和四方形拼成两个形状不同的四边形，计算周长并观察整式的加减。在传统的教学中，教师一般请一到两名同学到黑板或白板上作答，其他同学在纸上进行作答，最后展示学生

---

① 案例来自苏州市振华中学刘振华老师的英语课。

的答案。这种做法无法展示学生具有代表性错误的答案，并且学生互动数据也无法进行保存，而智慧教室能支持班级全部同学参与互动，互动数据也可以得到保存①。

教学实施步骤：

（1）教师用 PPT 展示问题，借助几何画板演示怎样用等腰直角三角形和四方形拼成两个形状不同的四边形，并讲解解题示范，如图 4-17 所示。

图 4-17　教师进行知识讲授和解题示范

（2）教师将左屏的题目截图并发送至学生的平板终端，学生在平板上自主拼图，并计算四边形的周长，如图 4-18 所示。

图 4-18　教师发送题目，学生作答

① 案例来自苏州市第十二中学宋劼老师的数学课。

（3）学生回答完毕后，提交答案。教师在教师端查看学生答案缩略图，掌握学生的作答情况，并找出典型答案进行点评，根据学习作答情况进行讲解和答疑，如图 4-19 所示。

图 4-19　展示答案与点评

（4）互动结束后，学生互动学习资料自动保存到互动平台中，为学生后期复习提供参考，也能为教师掌握学生学习情况、实施补救教学提供指导。

案例 4：拍照互动

该案例是以初中数学《三视图》课程为背景进行设计的，知识点是三视图的观察方法。在传统教学中，教师一般口头讲述观察方法，并进行演示，但在实际教学中，学生是否能够正确观察，教师不好进行考核。本案例中，教师通过平板拍照互动，让学生把自己观察到的三视图发送至教师端，教师通过观察学生反馈从而了解学生是否真正掌握了正确的观察方法，并进行针对性点评①。

教学实施步骤：

（1）学生观察桌子上的几何物体，根据教师所教的步骤用平板拍摄三视图，并将照片发送至教师端，如图 4-20 所示。

（2）教师调出互动平台界面，查看学生的作答情况（平台可以实时呈现学生的提交顺序和答案缩略图），并挑选典型答案进行讲解和点评，

① 案例来自苏州市振华中学杨易老师的数学课。

图 4-20 观察物体，拍照上传

如图 4-21、图 4-22 所示。

图 4-21 答案展示与点评（一）

图 4-22 答案展示与点评（二）

（3）在这个互动过程中，教师发现大部分同学所拍摄的视图照片是有问题的，故将观察方法又讲了一遍，并请班级中的一名同学来示范拍摄方法，使学生对知识点有更深刻的了解，如图 4-23 所示。

图 4-23　请学生示范拍照

（4）互动结束后，学生互动学习资料自动保存到互动平台中，为学生后期复习提供参考，也能为教师掌握学生学习情况、实施补救教学提供指导。

2. 小组合作互动

在一线教学中，教师也可以将班级划分为若干个小组，按照既定主题或者学习任务进行探究或学习，并将成果在小组内或者班级内分享，使学生在互动中共同提高。

智慧教室中的桌椅可以根据小组学习的需要来组装和布局（如圆桌形、正方形等），同时，每个小组后面都有一块屏幕，供小组成员进行头脑风暴、汇总和小组成果展示。小组屏幕都可与教师端实时互动，方便教师布置学习任务、分发学习资料、回传小组成果等。

案例 5：基于小组的合作探究互动

该案例是以初中物理《凸透镜成像规律》为背景进行设计的，知识点是凸透镜的成像特点。为了让学生更好地理解凸透镜的成像特点，教师采取小组合作探究的方式——协同做实验，并总结实验规律。教学中，教师先以常见放大镜的成像图片，引导学生思考凸透镜的成像规律，进而引入三个物理学概念：物距、像距和焦距。接着，教师将学生分成六个小组，分小组做“烛焰通过凸透镜在光屏上成像”实验。在实验结束后，教师鼓励各学习小组根据实验现象画出凸透镜成像示意简图，引导学生归纳出凸透镜的成像特点与规律，并进行点评和讲解[1]。

教学实施步骤：

（1）根据教学需要将班级同学进行分组，如图 4-24 所示。

图 4-24　学生分组

（2）教师给出探究任务——探究凸透镜的成像规律，并把实验步骤和相关要求发送到每一个学习小组的屏幕上，供学生参考和学习，如图 4-25、图 4-26 所示。

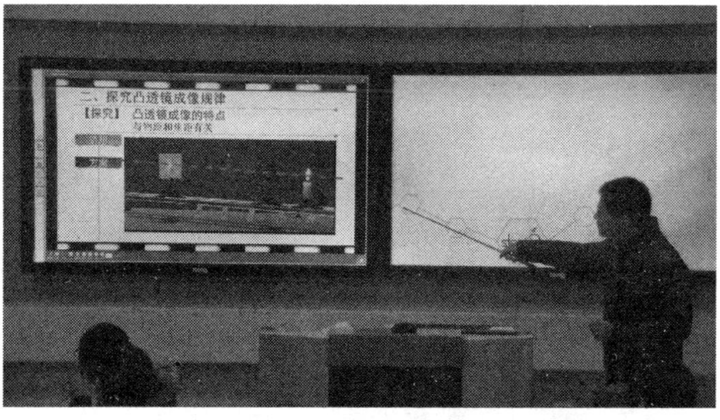

图 4-25　给出探究任务

（3）学习小组参考教师给的学习资料和实验要求进行实验，总结实

---

[1] 案例来自苏州市草桥中学陈老师的物理课。

图 4-26　发放学习资料

验规律，并在小组屏幕上书写出来，如图 4-27、图 4-28 所示。

图 4-27　学生合作探究

图 4-28　书写小组成果

（4）书写完毕后，小组长将小组讨论结果发送至教师端，教师调出小组答案，请学生归纳实验规律，并进行点评讲解，如图 4-29 所示。

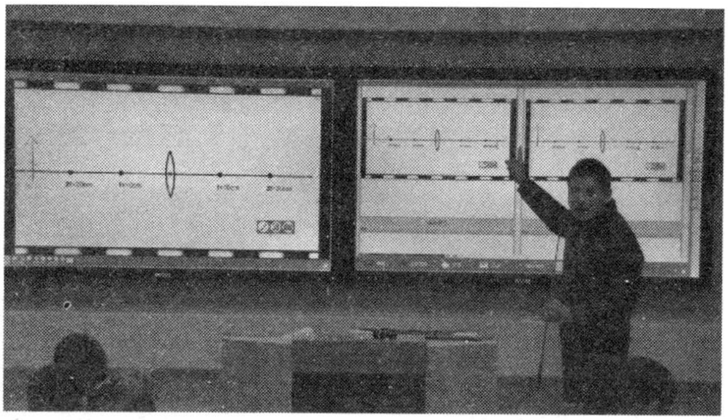

图 4-29 教师点评

（5）互动结束后，学生互动学习资料自动保存到互动平台中，为学生后期复习提供参考，也能为教师掌握学生学习情况、实施补救教学提供指导。

案例 6：基于在线搜索的小组合作学习

为了让学生更好地理解小提琴曲《梁山伯与祝英台》的故事背景，教师让学生以小组合作的方式，借助小组屏幕线上搜索梁祝故事的传说，并进行学习和交流。技术的应用充分调动了学生的学习积极性，并尊重学生的学习主体性，学生之间的合作能力也得到了提升①。

教学实施步骤：

（1）教师布置学习任务——学生分小组在百度上搜索“梁祝传说”，重点关注历史传说中的浙江上虞版本，如图 4-30 所示。

图 4-30 教师发布学习任务

① 案例来自苏州市振华中学顾琴华老师的音乐课。

（2）学习小组打开小组学习端的浏览器，进行在线搜索和学习交流，也可在组内或班级内分享收集到的资料，如图 4-31 所示。

图 4-31　学生在线搜索

二、抢答

对学习产生饥渴的状态是学习的最佳状态，在竞争活动中，学生由于受到激励产生的学习行为比强制学习更有效。智慧教室中，教师可以采用抢答的方式来激励学生的学习热情，这种学习方式既提高了课堂效率，又保证了学生参与课堂互动的公平性，创造积极而又愉快的学习氛围。相关教学应用方式和建议如表 4-8 所示。

表 4-8　抢答教学应用方式

在课堂中的应用方式	教学建议
比赛活动：全班性的抢答比赛	要注意学生是否都有机会抢到回答权
小组合作学习：学习小组对所学内容和问题进行讨论后再进行抢答 ① 代表制：由某位组员代表抢答 ② 共同抢答：小组全体成员参与抢答	小组代表可以通过组内推荐或抢答选出

案例 7：抢答

该案例是以初中数学《一元一次不等式组》为基础进行设计的。上课开始，教师回顾上节课学习的一元一次不等式的内容，通过四道抢答题复习上一节课所学内容，既巩固了上一节课学习的内容，又为这节课的学习做了铺垫。课堂教学过程中，通过使用智慧教室的抢答功能，充分调动了学生的学习兴趣，为课堂教学增添了趣味性[①]。

教学实施步骤：

（1）教师布置学习任务，点击“互动操作”——“抢答”，即进入到抢答模式，然后点击“准备抢答”，等学生都做好准备后，点击“开始抢答”，如图 4-32 所示。

图 4-32 教师发布抢答任务

（2）学生在学生端进行抢答，系统会记录下最先抢答的学生，该学生即获得了回答的权利，如图 4-33 所示。

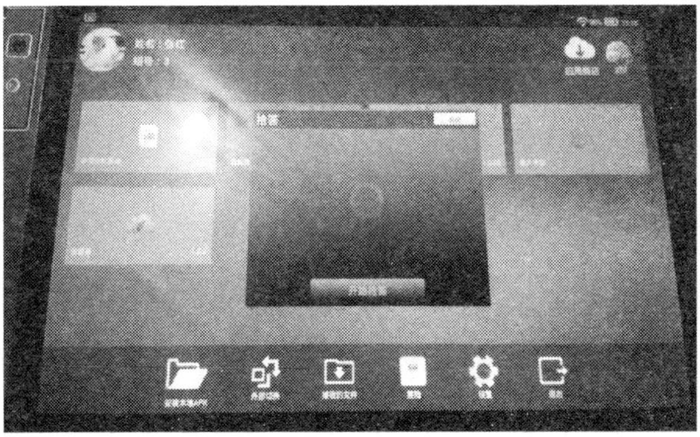

图 4-33 学生开始抢答

---

① 案例来自苏州市金阊实验中学周嫣老师的数学课。

三、随机选人作答

在课堂教学中，由于教师点名难免会带有一定的主观因素，为保证学生参与课堂互动的公平性，智慧教室的互动反馈系统可以支持教师进行随机点名，确保学习公平，同时也可以促进班级中性格内敛和害羞的学生更多地参与课堂活动。同样，教师在进行分组时，也可以采用该措施进行分组，相关教学应用方式和建议如表 4-9 所示。

表 4-9　随机选人作答教学应用方式

在课堂中的应用方式	教学建议
随机指定：可利用挑人模式，随机选择班级内的某一位学生来作答	建议教师根据班级气氛、根据实际情况选择候选人
小组合作学习：针对学习任务或者学习问题，经过小组讨论之后，再进行抽取回答	
抽样调查：针对某一个议题进行随机的抽样调查	抽查结果不一定是全班共同的看法，在评估结果时，建议教师考虑可能存在的误差

案例 8：随机选人作答

课堂教学中，为了保证教学的公平性，教师可以借助 CRS 随机选择两名同学进行作答，如图 4-34、图 4-35 所示。

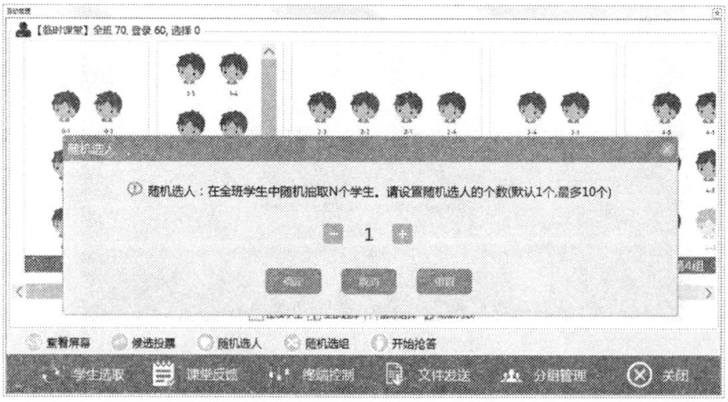

图 4-34　确定学生人数

图 4-35　随机选择学生

四、即问即答

即问即答是教师在教学过程中使用 CRS 进行的一些快速搜集学生反馈信息的教学活动，教师实时得到反馈并给出回应，相关教学应用方式和建议如表 4-10 所示。

表 4-10　即问即答教学应用方式

在课堂中的应用方式	教学建议
自评：针对某些项目进行自评活动	方便教师清楚地指导学生的自我思考过程
互评：针对作品或者活动效果进行评分 1. 针对各个评分项目一一互评 2. 针对整体表象进行互评和打分	针对不同的作品和活动，教师设计清晰明了的评分标准
投票活动：针对某一个议题进行投票	
选举活动：包括选举班级干部、模范生等	因为统计票数时间大大缩短，可以根据实际情况增加候选人数

案例 9：学生互评

在数学课互动环节，教师可以把学生提交的作业随机发送到每一个学生手中，学生之间进行互评，如图 4-36、图 4-37 所示。

案例 10：投票选举活动

借助 CRS，课堂中也可进行选举投票，如选出班干部等。教师选出

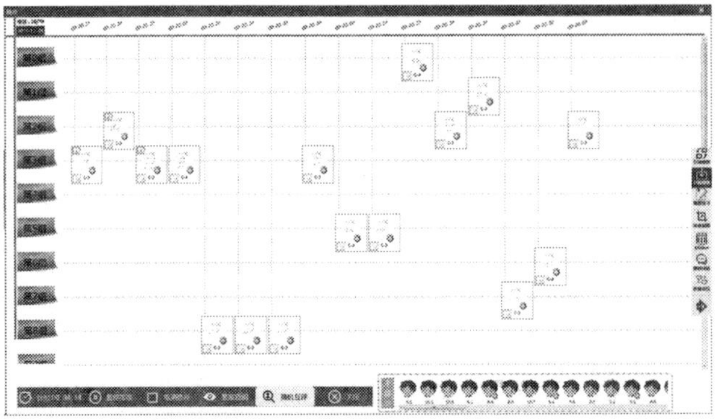

图 4-36　将学生作业随机发送至班级同学中

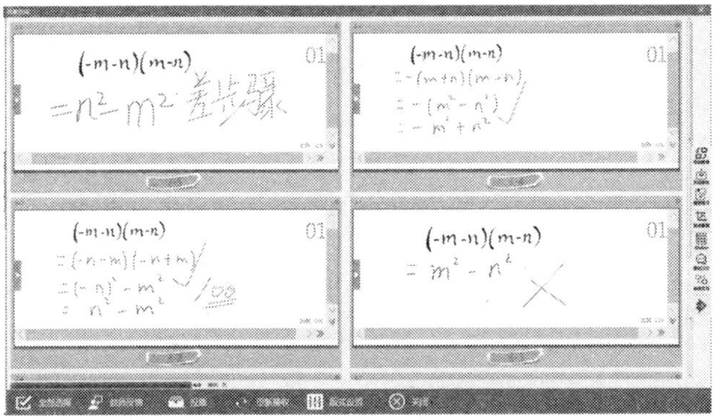

图 4-37　展示学生互评结果

候选人名单，学生使用平板等终端投票，实时统计，结果公正透明，如图 4-38 所示。

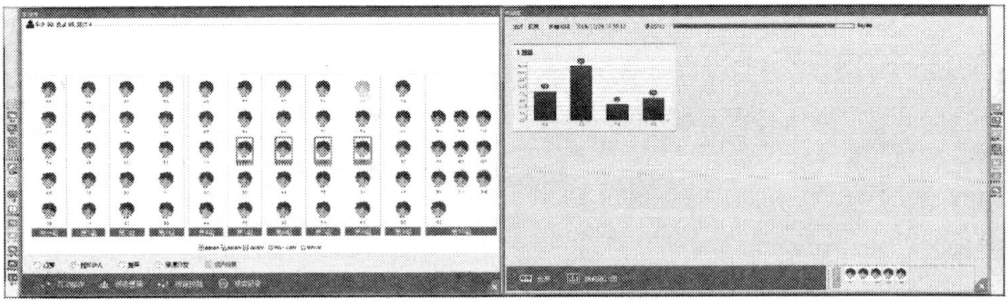

图 4-38　投票选举

第五章

基于数据驱动的课堂教学模式与方法

数据驱动的教学模式是一种运用现代互联网技术，对教学对象进行线上、线下学习数据的采集、分析，从而研究出数据载体的行为习惯和发展趋势，并依照研究结果对教学环节、教学对象进行改进和提升的教学模式。基于大数据的精确学情诊断、个性化学习分析和智能决策支持，大大提升了教育品质，对促进教育公平、提高教育质量、优化教育治理都具有重要作用。这种教学模式的产生也正是大数据给教育行业带来的重大影响之一。正如国务院印发的《促进大数据发展行动纲要》中所指出的：要“探索发挥大数据对变革教育方式、促进教育公平、提升教育质量的支撑作用”。基于数据驱动的课堂教学，正是将大数据与教育进行深度融合，势必引领未来教育信息化的潮流。

第一节　教育大数据与精准教学

一、班级授课制下的教育觉醒

捷克教育家、西方近代教育理论的奠基人夸美纽斯在其《大教学论》中预见性地提出班级授课制（将学生按年龄和程度编成班级，使每一班级有固定的学生和课程，由教师按照固定的教学时间表对全班学生进行授课的教学组织形式）是工业时代的典型授课形式。然而，人类社会在经历了两次重大科学革命和三次重大技术革命后，已经快速地从工业时代进入了信息时代，甚至有学者提出，人类社会现在正在往数据时代（Data Time）过渡。阿里研究院所著的《互联网＋：从 IT 到 DT Internet Plus》一书曾这样描述我们所处的世界：人类将通过越来越普及的电子记录手段建构一个和物理世界相对应的数据世界。这个数据世界在时间、空间两个维度上不断衍生、扩大，形成一个和真实世界对应的镜像和映射，因为这个数据世界可以随时被重构、被分析，人类因此可以更好地了解过去、把握未来①。

班级授课制最初在基督教创办的学校中零星使用，16 世纪宗教改革时期，不管是新教还是旧教创办的学校都采用了班级授课制。工业革命后，社会提出了普及义务教育的要求，教育的规模和效率都必须扩大和提高，个别教学无法满足这样的需求，表现出明显的不适应，于是班级授课制壮大起来，并且很快发展成为世界范围内最重要、最通行的教学组织形式。班级授课制变分散的个别学习为学习共同体、生活共同体，既扩大了单位时间内教师的教学规模，有助于提高教学效率，又便

① 阿里研究院．互联网＋：从 IT 到 DT Internet Plus［M］．北京：机械工业出版社，2015（5）：4．

于学校合理安排教学内容与进度，有助于教学管理，还便于学生共同学习，共同进步。

较之于个别教学、私塾教学，班级授课制是义务教育的典型授课制度。可以说，没有班级授课制，义务教育的普及实施就难以实践。正因为它的诸多优越性，所以班级授课制目前仍是世界范围内学校教学的基本组织形式。但是，班级授课制也存在着某些弊端：教学活动多由教师做主，学生学习的主动性和独立性受到一定程度的限制；学生主要接受现成的知识成果，其探索性、创造性不易发挥；学生动手机会较少，教学的实践性不强，不利于培养学生的实际操作能力；教学的时间、内容和进程都固定化、形式化，不能够容纳和适应更多的教学内容和方法；班级授课制强调的是统一、齐步走，难以照顾学生的个别差异，教学设计以经验驱动为主，少有变化。

这些弊端在信息时代，尤其是数据时代犹如被放大镜放大一般，饱受诟病。为什么我们的孩子被培养成了千篇一律的人力产品？为什么教育的规模化与个性化就一定是不可调和的矛盾？在古代教育中，无论在东方还是西方，受教育权仅仅为特权阶级所享有，且教学组织形式主要是个别教学，哪怕如孔子“弟子三千，贤人七十二”，也仍然是通过个别教学进行教育的。学生在原有学习程度、学习内容、学习进度上各不相同，没有一致的要求和规定。在当代教育环境中，教育大众化、普及化，人们渴望优质高效的教育，而不是千篇一律的机械知识灌输。班级授课制作为第二次教育革命的产物，在第三次教育革命时将面临转型，必将从规模化教育走向生态化、分散化、网络化、生命化的个性化教育①。如何具体操作实践呢？当信息科技发展到今天，或许能为这个难题提供解决思路。

二、教育大数据与学习分析

技术的发明与实现常常伴随着社会关系的巨大变革，生产力决定生

① 周洪宇，鲍成中. 扑面而来的第三次教育革命［N］. 中国教育报，2014，5（2）：7.

产关系说的也就是这个问题。早在 1980 年，著名未来学家托夫勒在其所著的《第三次浪潮》中就热情地将“大数据”称颂为“第三次浪潮的华彩乐章”。1997 年美国国家航空航天局首次对“大数据”一词进行描述，认为其为超级计算机所生成的海量、实时和全样本的数据。《自然》杂志在 2008 年 9 月推出了名为“大数据”的封面专栏。从 2009 年开始“大数据”才成为互联网技术行业中的热门词汇，2012 年“大数据”的应用引发了全球性的高度关注。

简单来讲，大量的数据被定义为大数据，从更加专业的角度来解释，大数据是指大量且不可用传统数据统计等方法一次性地用有限计算处理器来进行有效处理的海量信息。其包含最基本的“4V”特征：海量的数据规模（Volume）、快速的数据流转和动态的数据体系（Velocity）、多样的数据类型（Variety）、巨大的数据价值（Value）。这也是国际数据公司（IDC）对大数据的定义。

从 IT 领域发端，大数据在短短几年的时间内快速渗透到交通、医疗、金融保险、城市建设、电子商务等领域，唯独教育领域波澜不惊。迈尔·舍恩伯格在《与大数据同行：学习和教育的未来》中引用了一个事例：过去的法国教育部部长们只需查看一下他们的怀表，就能准确得知这个国家每一个孩子在那个时间点上正在学习什么。在美国，1899 年的教育官员威廉·哈里斯也曾夸口说，学校有着“机器的外观”，能够培养孩子“有条不紊地行动，并在自己的位置上端坐”等美德①。

许多人都曾对大数据在教育领域的应用寄予厚望，但同时又感到无望。寄予厚望是因为人们相信技术会给社会各个领域带来令人期待的变革动力，无望则是因为教育作为创造未来的独特事业，充满了复杂性与混沌性，这些特性绝非依靠一两种技术方案就能有所改变的，而必须依靠长期的系统性变革。

首先，谈谈大数据在教育中有哪些可为之处。华东师范大学顾小清教授认为教育大数据为学习分析带来了各种可能，如何获取来源广泛的

---

① 维克托·迈尔·舍恩伯格，肯尼思·库克耶. 与大数据同行：学习和教育的未来［M］. 赵中建，张燕南，译. 上海：华东师范大学出版社，2015（1）：15.

教育数据，如何挖掘以数字学习资源为载体的学习经历数据的教育价值，这些都成为利用教育大数据进行学习分析研究的新方向[1]。顾小清教授在《中国基础教育大数据发展蓝皮书（2015）》发布会暨教育大数据高峰论坛上的演讲，更细致地列举了教育大数据在基本统计分析及其可视化、发现学生问题、对学生进行分类、支撑学习分析等多方面的重要应用。

另外，通过对教育大数据的深入分析与挖掘也能够有效地支撑教师的专业化教育与培训。例如，通过分析课堂教学行为大数据中典型的模式数据、关系数据、结构数据和行为数据，对课堂教学提问的倾向性特征（开放性倾向、问题解决倾向、批判性及创造性倾向）和价值取向进行归纳梳理[2]，以指导教师的培训活动。

由于教育的独特性，大数据在教育中的应用呈现出更多的复杂性。众所周知，大数据与传统的数据相比，有非结构化、分布式、数据量巨大、数据分析由专家层变化为用户层、大量采用可视化展现方法等特点，这些特点正好适应了个性化和人性化的学习变化[3]。然而，目前教育方面的数据主要是结构化数据，或者结构化比较高的数据信息，即便是在数据科学较为发达的美国，大量使用的还是结构化数据。这点可以从大数据在教育领域的具体应用的两个方面——教育数据挖掘（Educational Data Mining，EDM）和学习分析（Learning Analytics，LA）[4]中窥见一斑。

然而，即便是在数据充盈的在线学习领域，MOOC（“慕课”，即大规模在线开放教育）中基于大数据的学习分析也正在遭受部分学者的质疑。国际远程教育领域知名专家、托尼·贝茨联合有限公司的 CEO 托

---

① 顾小清，郑隆威，简菁．获取教育大数据：基于 xAPI 规范对学习经历数据的获取与共享［J］．现代远程教育研究，2014（5）：13.

② 王陆，蔡荣啸．课堂大数据视角下的提问倾向研究［J］．电化教育研究，2016（7）：82.

③ 魏忠，何立友．大数据：开启面向未来的教育革命［J］．中小学信息技术教育多媒体世界，2013（10）：16.

④ Bienkowski, M., Feng, M. & Means, B. (2012). Enhancing Teaching and Learning Through Educational Data Mining and Learning Analytics: An Issue Brief［EB/OL］.

④

尼·贝茨（Tony Bates）表示，通过教育系统平台追踪记录学生在各类学习活动中留存的数据信息，这一设计其实是存在缺陷的。例如，在线教育的MOOC平台往往通过大量学习者在一道基于教学内容的选择题上面是否选择了正确的答案，来作为判断有效教学的一种标准，事实上，学习者通过不断地试错最终就能选出正确答案，而在此过程中可能没有学习的过程。平台的教育设计者正确的努力方向应当是设计真正有效的、更好的教学，避免学习者做出错误答案。戴安娜·劳李劳德（Diana Laurillard）认为MOOC所解决的问题是向已经具备高资质的专业人士提供免费大学教育，我们可以说传统大学现在正是这样，还可以说20年前的因特网也是如此①。

教育大数据真的无用吗？或许是另有原因，部分学者眼中的教育大数据就像垃圾一样，但是大家有没有想过，垃圾其实也是一种放错位置的资源？在本章后面小节的相关内容中，我们试图把教育中的各种数据分析好、放置好，让其真正的效应发挥出来。

三、智慧教育期盼精准教学

1. 智慧教育的概念演化

目前，智慧城市、智慧教育的概念铺天盖地。什么是智慧教育？不妨先理解华东师范大学祝智庭教授眼中的“愚笨教育”。凡是拒绝因材施教、抹杀个人特性的教育，凡是以书本知识为上、忽视实践能力发展的教育，凡是故步自封、不能与时俱进的教育，凡是隔断历史文化、不能继往开来的教育；凡是自我封闭，不能主动面对国际挑战的教育②，都被打上“愚笨教育”的深深烙印。这由此引发了对智慧教育的探寻。

---

① 史蒂芬·道恩斯. 不仅仅是免费：网络世界的开放学习［J］. 肖俊洪，译. 中国远程教育，2015（4）：6.

② 祝智庭，贺斌. 智慧教育：教育信息化的新境界［J］. 电化教育研究，2012（12）：8.

2012年12月祝智庭首次提出，智慧教育就是通过利用智能化技术（灵巧技术）构建智能化环境，让师生施展灵巧的教与学的方法，为学习者提供个性化服务，使其由不能变为可能，由小能变为大能，从而培养具有良好价值取向、较高思维品质和较强思维能力的人才。2016年6月，他对这个定义做了更新，认为智慧教育的真谛是通过建构技术融合的生态化学习环境，通过培植数据智慧、教学智慧及文化智慧，让教师能够施展高成效的教学方法，让学习者能够获得适宜的个性化学习服务和美好的发展体验，使其由不能变成可能，由小能变为大能，从而培养具有良好的价值取向、较强的行动能力、较好的思维品质、较深的创造潜能的人才。

由以上智慧教育概念的演化过程，我们可以发现人才培养的目标更为具体、更为高阶。为了达成智慧教育的目标，精准教学的概念呈现在人们的视野中。

2. 精准教学引发关注

普遍而言，精准教学是一种高效的、面向知识教学的方法。然而，它又不应是一个具体的教学方法，而应当是精准、系统的评估教学策略与课程的方法①。信息技术支持的精准教学模式包括精准确定目标、开发材料与教学过程、计数与绘制表现、数据决策四个环节②。

贯穿精准教学四个环节的是信息技术的支持。在现代教育技术构建的课堂环境中，信息技术为每一位教师提供了精准教学的可能。而传统教学中为了达成精准教学的目标，往往需要教师凭借多年一线教学经验的积累和对学生学情的透彻察觉。这个过程类似于医疗行业中，从模糊的、依据病例的治疗模式发展到今天精准高效的、依据各种专业化检测数据的治疗模式。

---

① West R P, Hamerlynck L A. Designs for excellence in education: the legacy of B. F. Skinner[M]. Longmont:ERIC,1992.

② 祝智庭，彭红超. 信息技术支持的高效知识教学：激发精准教学的活力 [J]. 中国电化教育，2016 (1)：19.

第二节　数据驱动课堂的模式概述

一、基于精准教学理念的数据驱动教学模式

量化自我（Quantified Self，QS）一词来源于 2007 年《Wired》（《连线》）中凯文·凯利和盖瑞·伍尔夫，用来借指那些不断探索自我身体以求更健康活着的人们。如果说 QS 是大数据在大众生活领域不断渗透后所引发的一场量化运动，那么随着大数据与教育的不断融合，也产生了越来越多的数据可以用来描述和观察我们的学习，人们也会迫切希望能够更加精准地了解自己的学习过程和状态。南京大学的桑新民教授曾经指出："学习的本质是人类个体和人类整体的自我意识与自我超越。"① 大数据与教育同行，会掀起一场数据驱动的量化学习革命。

在学习者的学习活动和成长过程中，采用适当的策略与方法，获得学习者外显和内隐的学习行为特征数据，通过分析这些数据来满足学习者的个性化需求，即为数据驱动学习，其包括以下几个内涵：

（1）数据驱动学习的前提是构建数据化模型。以数据为基础的学习使得教育过程性考察成为可能，透过数据能够理解、分析、预测过程性和综合性的内在规律，为学生自我学习、教师的教学决策和教育机构的管理决策提供科学性依据。

（2）数据驱动学习的目标是提供个性化的学习服务。学习活动是动态多变的，是内部心理和内隐思维的过程。在传统教学中就很难做到个性化的教学，即使是一对一，教师也无法做到对学生具体问题进行精准定位。数据驱动的重点在于对学习服务、学习场景、学习活动和成长过

---

① 桑新民．步入信息时代的学习理论与实践［M］．北京：中央广播电视大学出版社，2000（10）：82.

程中的人为行为以及学习个体的特征进行数据表征，再据此满足学习者的个性化学习需求。

基于智慧环境下数据驱动课堂的一般模式及实施方案如图 5-1 所示。

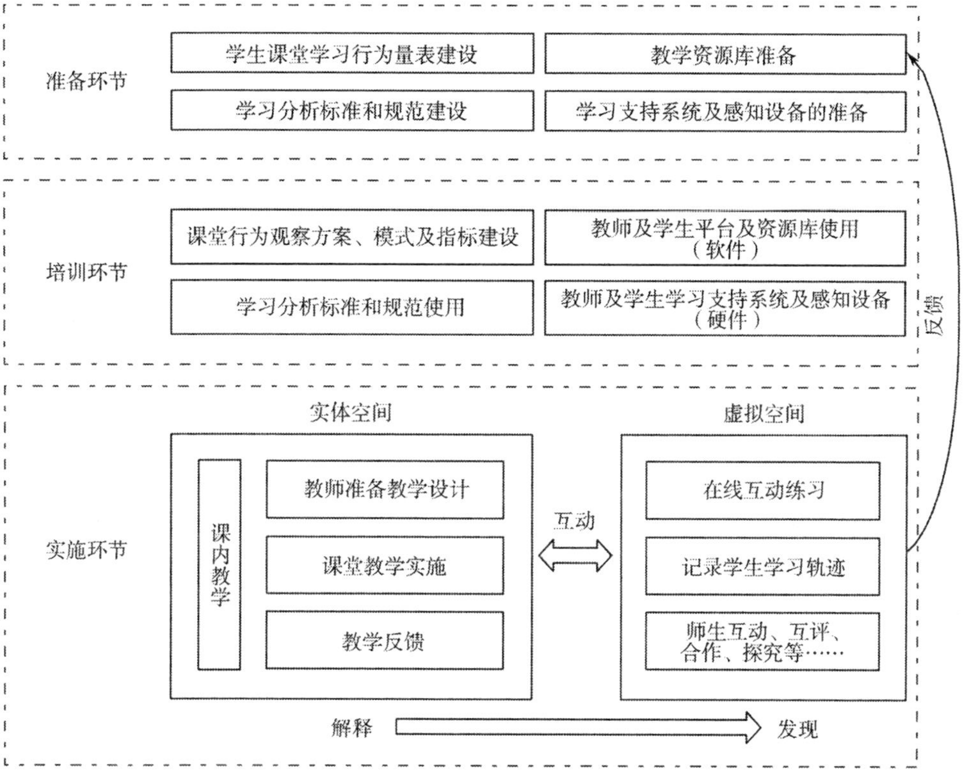

图 5-1　基于智慧环境下数据驱动课堂的一般模式及实施方案

准备环节：建设学生课堂学习行为量表及学习分析标准和规范，以满足实体空间及虚拟空间教学的情况分析，并且建设具有一定规模的教学资源库和能够满足学习量化的学习支持系统及感知设备。

培训环节：对教师进行课堂行为观察方案、模式及指标的相关培训，并培训教师和学生使用学习支持系统及感知设备进行教学活动，使其熟悉学习平台的使用，以满足数据采集和课堂教学的基本需求。

实施环节：课内引导式教学与课外发现式学习相结合、课堂实体空间教学与学生虚拟空间的自学相结合。

基于精准教学理念的数据驱动教学模式也有其特点与基本原则，首先谈谈其主要的特点。

1. 特点

（1）学习状态的可视化

信息可视化是利用计算机实现对抽象数据的可视化，以增强抽象信息的接收与认知。学习状态可视化是信息可视化在教育领域的应用，一般使用图形、图像、表格或视频等方式呈现学习者的学习状态。在传统教育中，对学习者学习状态的评估一般用文字形式，而可视化方式则可方便直观地对学习者的学习状态进行刻画。

（2）学习路径的规划

学习路径是指在学习过程中形成的学习者对教学资源选择和加工的时间线索记录。教学实施者在课程开始之前需为学习者规划符合其认知水平和风格的学习路径，有利于为学习者提供有效的教学支架，能够避免学习者学习路线偏离，提高学习者学习效率，合理地配置教育资源，并且能够为课后的学习评价提供依据。从生成方式上，在课堂教学中，可以采用计算机分析，辅以教师的教学经验，设计有效的学习路径和学习支架，从而满足学习者的个性化学习需求。

2. 原则

（1）数据驱动的学习行为分析

学习行为是教育心理学的一个概念，原本是指学习者在学习过程中表现出来的动作或反应。学习行为是一个符合性概念，既有可被观察和测量的外在表现，也就是外显行为；也有学习者进行思考或反省的内隐行为。随着信息技术的发展，在大数据时代，学习者在使用信息化学习设备或教学设备进行学习时，都会留下学习或者操作的痕迹，通过基于大数据开发的CRS平台技术，我们就有可能把这些看似杂乱无章的数据变为有序、高附加值的学习行为数据。数据驱动的学习行为分析是指在合理量化与全面收集学习者行为数据的基础上，采用恰当的模型或方法对教学行为数据进行分析，以洞察学习者在课堂中的心理，发现教学规律，优化教学过程，提高教学效率。

（2）大量的数据基础以及优秀的量规

通过信息技术手段对整个教学过程进行量化之后，教育研究者会对大量的驱动教学课程的数据进行处理并制成量表，用以评估学生各个方面的能力。教师在进行教学设计时，需参考这些量规与标准，并对学生的个体学习行为或者分组进行的群体学习行为做出一定的预估，所以基于精准教学理念的数据驱动教学模式是在基于大数据技术与成熟的评价标准模型下，帮助教师对学生学习情况、问题提出的策略与方式、课堂的把控、活动的设计等进行全面的设计与实际操作，从而提高课堂教学的教学效果。

二、教学策略和实施建议

1. 游戏化教学策略的使用

自2011年起，游戏化（gamification）这一概念开始被广泛使用。教师学习支持系统进行游戏化学习情景的营造，并使用游戏本身代替学习问题本身。在游戏化学习的教学策略中，需要事先对游戏化学习的教学目的和学习效果进行评估，并与学生游戏时产生的结果（数据）进行关联，通过设定好的联系确定学习者知识能力、认知能力、解决问题能力等方面提升与否，从而评判是否达到学习效果。

2. 面向资源交互的学习过程量化策略

学习者和学习资源的交互情况是教师和教学研究者希望了解和深入研究的课题。因为基于精准教学理念的数据驱动教学模式是建立在使用量化学习课堂教学的基础上的，而课堂教学活动基本上是以问题为导向，所以学生可以进行基于问题的研究或探究活动，教师只要在课前经过精心设计，就可以给学生提供解决问题或探究问题所需要的学习支架。对面向资源交互的学习过程进行量化，不仅可以帮助教师了解学生是否达到解决问题或探究问题的目的，同时可以让教师了解学生作为学习者的学习习惯或者解决问题的策略。例如可以使用CRS系统记录并向教师反馈学生使用教学资源时的使用时长、观看进度、笔记记录等交互情况，以此来评估学生与课程资源的交互情况，帮助教师及时了解有哪些学生遇到了哪些困难。

3. 注重学生情感态度的识别

注重学生情感态度的识别，并及时反馈。情感是教学活动中一种非常重要的非智力因素，它对激发学习者的学习动机、创建优良学习情景、促进学习者的人格健康发展都起着重要作用。传统课堂中，学习者的一句话、一个眼神、一种表情都能够给教学者留下深刻的印象，并基于此来分析和调节学习者在学习过程中的心理状态。学习者会在学习活动中表现出各种基本情绪或者复杂情绪，这些情绪状态会对个体学习过程和学习效果产生显著影响。通过精准教学理念的数据驱动教学，教师要尽可能地利用技术手段，准确和全面地把握学习者情况，如对不同情感状态的学习者同等对待，采用同样的教学资源和方式，会造成学习者的“认知负荷”和“信息迷航”现象，很难发现匹配学习者个体认知风格和兴趣爱好的学习资源，也会因此忽略学习者自身情感特点、接受能力、学习习惯等个体差异性。要达到教学效果的最大化，需要注重学生所表达的感受、意见或态度，同时关注量化设备的数据收集和及时反馈，建设测量量表，了解包含于其中的情感信息，并对学生进行分析，实现个性化教学。

第三节　教学应用和案例分析

一、案例一　初中化学《原子的结构》

传统课堂多注重教师的教，忽视学生的学。课堂教学是教和学的统一，然而即使新课程不断推进，新理念层出不穷，不少课堂的重点仍停留在知识的传递上，教师依然主导着教学的进程和学生的行为。在这种教师中心论的支配下，从教学设计到教学实施，学生的学习过程都没有得到应有的重视，导致的结果就是教师反复讲，学生却收效甚微。

下面我们以初中化学第三单元《物质构成的奥秘》第二课时《原子的结构》为例，来谈谈如何充分应用数据来驱动教学设计，用科学量化的方法去精准地进行教学设计。

1. 教学内容分析

首先，我们对本节课的内容进行分析。第三单元包括原子的构成、元素、离子、化学式与化合价四个课题，内容比较抽象，远离学生的生活经验，再加上前两个单元学生学到的元素化合物知识不多，感性认识不充分，这给教学带来了一定的困难，但本单元的知识对于学生十分重要，它既是今后学习的理论基础，又是必不可少的工具。此前学生已经学习了分子、原子的概念，初步探索了物质构成的奥秘，但他们并不满足，还想知道原子是否可以再分，原子的质量有多大，等等。本课题的内容就是要回答这些问题。

教材分析要基于课程标准，不仅关注“教什么”和“怎么教”的问题，还要关注“为什么教”和“教到什么程度”的问题。课程标准学生需要掌握的知识与技能有：认识原子核的结构；掌握相对原子质量的概念；会查相对原子质量表。需要培养学生分析、处理数据的能力；尝试运用比较、归纳等方法对信息进行加工；需要学生了解假说、模型等科学研究方法；了解微观世界的物质性，从而进一步认识物质世界的微观本质，认识原子是矛盾的对立统一体；培养科学态度和科学精神，体验科学研究的艰辛与喜悦。上述内容是以课程标准和教材为基础对教学内容进行的分析，这种分析使教师更加熟悉教学内容以便于更好地完成教学过程，同时也能够帮助教师把握课堂教学目标，从而在教学过程中实现教学目标。

根据教材分析得出：本节课的教学重点为原子的构成、原子呈电中性的原因、相对原子质量概念的形成；教学难点为原子呈电中性的原因、相对原子质量概念的形成。通过对教学重难点的分析，教师最终确定采用何种教学方式和方法来突破这些重难点，以上是对《原子的结构》教学内容的分析。

2. 学生学情分析

(1) 课前学情分析

通过前面两个单元化学实验的学习、练习和测试，九年级学生已初步具备了一定的观察问题、分析问题和解决问题的能力。另一方面，通过对上一节课分子与原子训练题诊断，教师会发现学生学习本课题之前只是对原子和原子的内部结构建立了初步的概念，因此对学生来说，本课题的知识几乎是全新的。同时《原子的结构》这节课主要是陈述性知识，学生的学习目标是达到记忆或理解的层次。以上是本节课课前学生学情分析。

课前学情分析侧重于学生的基础与知识结构分析，主要针对学生的学习起点进行分析，是一种静态的分析方式，反映的是教师对课堂教学的预设。学前分析，可以通过发布习题或者问卷调查，根据学生回答情况来了解学生对构成物质的微观世界的理解情况，对学生起点能力进行分析，这有助于教师根据学生的实际情况来设计《原子的结构》这节课。

(2) 课中学情分析

教学过程中的学情分析是教师根据教学过程中收集到的信息，对课前学情分析进行判断、分析、验证并及时调整教学的过程，是一种动态的分析方式，反映的是课堂教学的生成性和学情分析的“在场感”。在《原子的结构》这节课上，教师先对原子的构成、原子的核外电子排布、原子向离子转化的过程、相对原子质量等概念进行讲解，通过学情分析系统发布相关的诊断题，学生在课堂上完成诊断题。系统根据每个学生的答题状况，对每个学习者的学习情况进行分析，分析出每个学生哪个概念未能掌握，并推送相关子题来加以训练，实现个性化和分层教学。教师根据学习分析系统分析结果，选择错误率较高的题目，采用小组讨论和教师引导的方式来解决这些共性问题。

通过练习题，教师发现本节课学生共同的错误在原子的结构、原子呈电中性的原因、相对原子质量概念的形成这三个知识点上。针对这三个问题，教师运用多媒体课件来展示原子的结构、原子形成离子的过程，让抽象问题形象化，如图 5-2 所示。

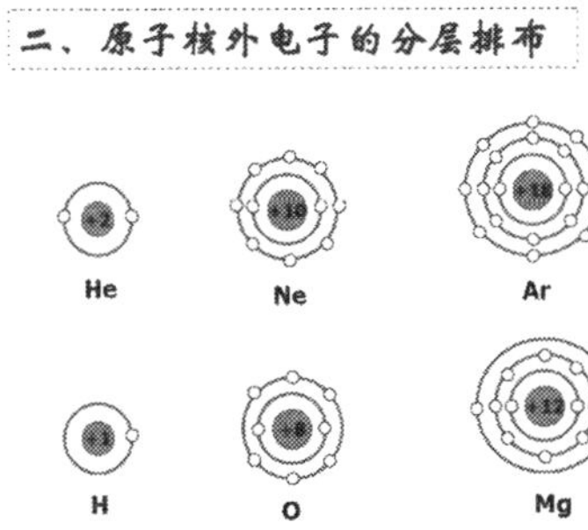

图 5-2　原子核外电子排布

同时通过课件展示几种原子的构成形式，让学生观察后回答三个问题：①质子数与中子数相等吗？②所有原子都是由质子、中子、电子构成的吗？③不同种原子之间有哪些区别？这样的问题设计可起到巩固所学知识的作用。

接下来教师展示“离子形成物质的过程”的图谱，使学生能够理解离子化合物是如何形成的，从而得出离子也可以形成物质的结论，如图 5-3 所示。

教师根据课堂教学过程的实际情况进行反思与总结，并对课前学情

图 5-3　离子化合物形成过程

分析与课中学情分析进行评估修改，以改进、提升以后的教学水平。通过学生课后练习和考试来分析和评价学生的掌握情况，以此为评定标准更能准确地评价这节课的教学效果。

学情分析是有效教学的基础，只有对每个学生有了充分的了解，课堂教学才有针对性。《原子的结构》的 6 道诊断题，涵盖了原子结构的所有知识点，教师根据学生的选项可以准确诊断出每个学生对知识点的掌握情况。示例如下：

第一题：原子的构成

将 A（分子）、B（原子）、C（质子）、D（中子）、E（电子）等序号分别填入下列适当空格中：

（1）构成物质的基本粒子是________；

（2）构成原子的基本粒子是________；

（3）显示电中性的粒子是________；

（4）带正电的粒子是________；

（5）参加化学反应一定发生变化的粒子是________；

（6）原子中数目一定相等的粒子是________。

【答案】（1）AB　（2）CDE　（3）ABD　（4）C　（5）A　（6）CE

如果学生在（1）选择错误，说明未能掌握构成物质的微粒包括分子、原子、离子。如果在（2）选择错误，说明没有掌握原子的构成，原子是由原子核和核外电子构成，而原子核是由质子和中子构成的。如果在（3）选择错误，说明未能掌握原子、分子和中子是不带电的。如果在（4）选择错误，说明未能掌握质子带正电。如果在（5）选择错误，说明未能掌握分子的概念。如果在（6）选择错误，说明学生未掌握原子中质子数与核外电子数相等。可见，通过学生的做题情况，教师能够准确细致地诊断出学生对每个知识点的掌握情况。

此题大部分学生出现错误在（3）和（6），教师应着重对中子性质进行讲解，很多同学了解中子的性质，但是做题中容易忽略中子的电中性特点，因此教师对其加以强调。同时教师对原子中各种微粒的关系进行讲解，从原子结构到微粒关系进行讲解，便于学生理解与记忆。

第二题：原子和离子的区别与联系

下列关于铝原子和铝离子两种粒子的判断：①核电荷数相同；②核外电子数相等；③电子层结构完全相同；④质量几乎相等；⑤质子数相等；⑥铝离子要比铝原子稳定。其中正确的是（　　）。

A. ①④⑤⑥　　B. ①③⑤⑥　　C. ①④⑤　　D. ②③④

通过此题可以诊断出学生是否掌握原子向离子过渡的问题、离子和原子电子层结构问题以及电子层概念等。如果选 B，说明电子层结构概念理解不清晰，同时电子的质量可以忽略的知识点掌握不牢。如果选 C，说明铝原子失去电子后达到稳定结构的知识点掌握不够牢固。如果选 D，说明未理解离子的概念，铝原子失去最外层电子，形成离子结构更稳定。

设置诊断题的目的是能够在学生做少量题的基础上就能诊断出每个知识点的掌握情况，便于教师掌握全班学生的学习情况，同时也能让学生自己了解自身的学习情况和查找知识点的遗漏。教师根据全班学生的学习情况布置不同的练习给不同基础的学生，实现分层教学，提高教学效率。学生也可以根据系统诊断报告查看自己的不足，同时系统会推送相关的子题帮助学生理解和巩固考点，这有助于学生进行自主学习。

可见，通过诊断题对学生的学习情况进行诊断，便于教师的分层教学，也便于学生的自主学习。学生不需再通过题海战术来达到对知识点的掌握和巩固，实现真正意义上的素质教育，学习知识的同时减轻学生的学习负担，也能提升学生对学习的兴趣。

在结束本节课教学后，教师可通过单元诊断题来测试学生的掌握情况，便于指导单元复习或者期中期末复习。如此好用的诊断系统，一定需要能快速诊断学生问题的优质诊断题，这需要教师平时多积累和总结，从而筛选出少而精的题目作为诊断题。

以上是以《原子的结构》为例来阐述数据驱动精准教学设计在教学活动中的重要性，主要包括对教学内容的分析、对学生共性和个性的分析、课前诊断题、课后诊断题。课后的诊断能帮助教师指导全班进行复习，同时学生也可以根据自身的诊断报告来进行针对性的复习，提高学习效率的同时，大幅度地减轻了学生的学习负担。学情分析包括课前、课中和课后的分析，这些分析有助于达到有效教学的目的，同时教师通过反思和评价也能快速提升自己的教学水平。

二、案例二　初中数学《反比例函数的图象及性质》

新课程教育理念强调以学生为主体，强调教学设计的依据是学情分析，故而我们的教学活动应以学生学习的需求为指导，为学生提供帮助，以教学活动引导学生的学习活动。教育教学环节中各种数据的沉淀、累积与分析又为学情分析提供了重要的量化支撑，能够更加有效地支撑学情分析。余胜泉认为，要实现教育和互联网的深度融合，应该充分利用大数据工具。传统的学情分析靠的是教师的经验、理解力和责任心。教师运用有限的经验、能力和精力很难精准了解每一位学生的学情。他认为，借助于大数据工具，通过采集学生全学习过程的数据，形成对学生知识、能力、素养的可视化诊断，帮助学生了解自己的学科优势，才能为教育教学提供优质、可获得的资源与服务。

1. 学情分析

《反比例函数的图象及性质》是选自《数学》（人教版）八年级下第十七章第二节的第一课时。学生在八年级上册学习过一次函数的内容，对函数及图像已经有了初步的认识，在此基础上讨论反比例函数及其性质对后继学习会产生积极影响。学生可以结合实例，通过列表、描点、作图等活动，理解函数的不同表现形式，也能通过几何画板画函数图象来研究函数的性质，为学生探索反比例函数的性质提供思维活动空间。但是在反比例函数图象和性质的学习中，图象由"一条"到"两支"，形态由"直"到"曲"，由"连续"到"间断"，由与坐标轴"相交"到"渐近"，无不折射出对函数概念本质属性认识的进一步深化，是继一次函数后，学生数学知识与方法上的一次拓展，理解与认识上的一次升华，也是思维上的一次飞跃，因此有一定难度。本节课以课前的在线问卷得到的数据为驱动，了解学生的学情，根据学情设计教学活动，并在课堂中以数据来反映学生对于知识的掌握和理解。

想要在有限的时间内快速了解学生，教师可以在问卷星等在线测评网站设计问卷调查，通过 QQ、微信等方式发送给学生，待学生填写完成后即可自动生成分析报告，从而快速反应出学生的起点、能力、学习风格、学习需求等。如图 5-4 所示。

图 5-4　问卷星界面

以《反比例函数的图象及性质》为例，在问卷星网站上设计了一份在线问卷，并通过班级 QQ 群发送给学生，如图 5-5、5-6 所示。

《反比例函数的图象及性质》预习情况调查

1. 最近数学课的学习，能否跟上？ *

◎完全可以　　◎勉强可以　　◎跟不上　　◎完全跟不上

2. 上节课布置了预习《反比例函数的图象及性质》这节课，预习了吗？ *

◎预习　　◎没有预习

3. 根据上节课的学习，你能说出哪个是反比例函数吗？ *

◎y=2x　　◎y=x/2　　◎y=2/x

4. 通过预习，你认为以下函数图象中，是反比例函数图象的图象是？ *

◎ 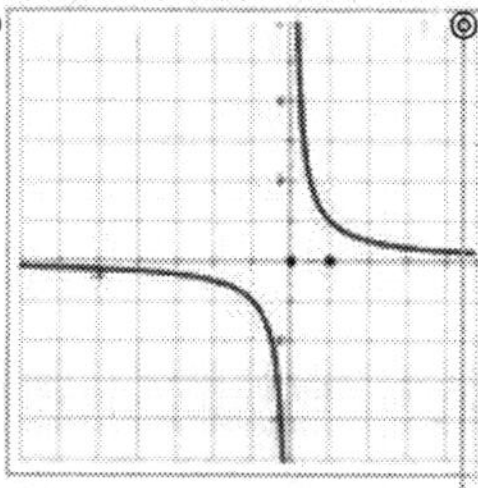
◎ 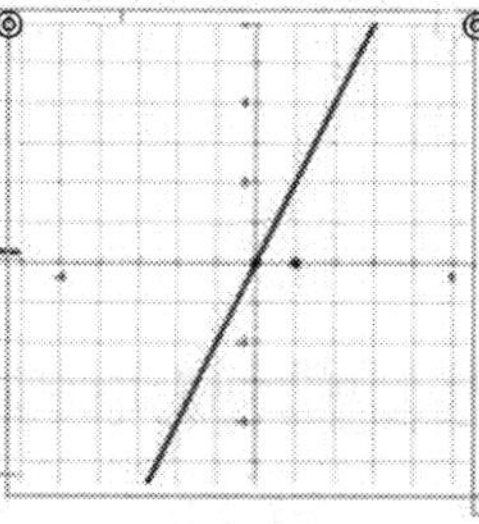
◎ 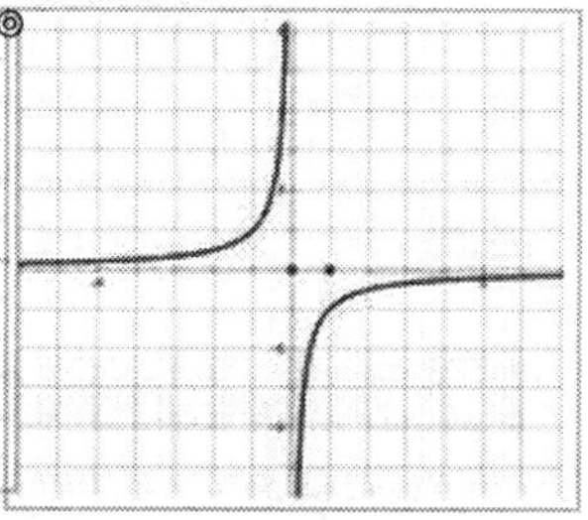
◎ 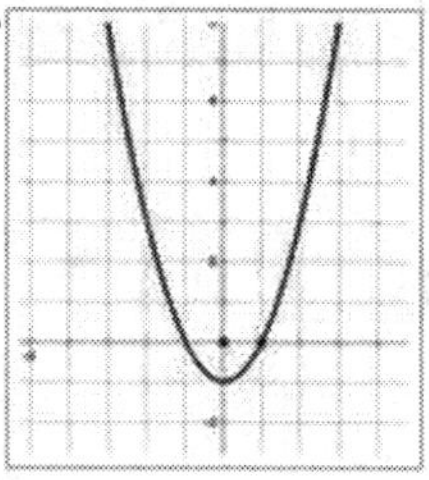

5. 反比例函数 y=2/x 是随 x 的增大而增大，这句话对吗？ *

◎对

◎错

图 5-5　预习情况调查问卷

待学生作答结束，即可回收答卷，并生成分析报告，如图 5-7 所示。

对于第 1 题的分析，有 50％的学生是勉强可以跟上，此时教师应适当放慢速度，照顾这部分学生，如图 5-8 所示。

通过第 2 题的分析报告，可知绝大部分学生已经预习，如图 5-9 所示。

通过第 3 题的分析，可知绝大多数的学生已经掌握反比例函数的定

图 5-6 问卷发布

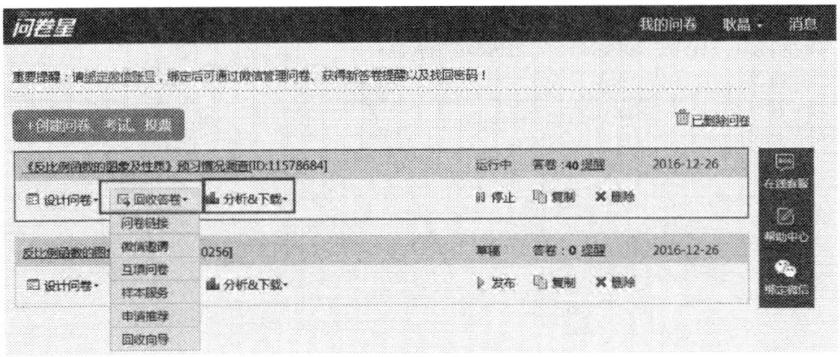

图 5-7 问卷回收

1. 最近数学课的学习，能否跟上？

选项	小计	比例
完全可以	20	50%
勉强可以	20	50%
跟不上	0	0%
完全跟不上	0	0%

图 5-8 第 1 题反馈情况

义，如图 5-10 的所示。

对于第 4 题，100％的学生选择了 A，并没有选择 C，说明学生对反比例函数的图象认识有偏颇，教师在课堂中应该着重讲解“反比例函

2. 上节课布置了预习《反比例函数的图象及性质》这节课，预习了吗？ [单选题]

选项	小计	比例
预习	40	100%
没有预习	0	0%

图 5-9 第 2 题反馈情况

3. 根据上节课的学习，你能说出哪个是反比例函数吗？

选项	小计	比例
y=2x	0	0%
y=x/2	0	0%
y=2/x	40	100%

图 5-10 第 3 题反馈情况

数的图象”，如图 5-11 所示。

4. 通过预习，你认为以下函数图象中，是反比例函数图象的图象是？*

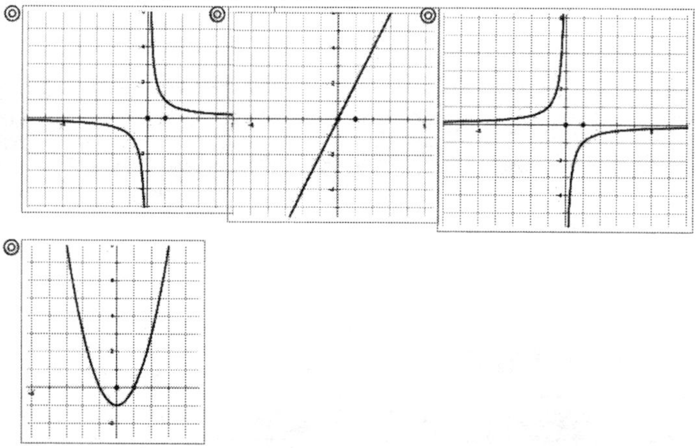

图 5-11 第 4 题反馈情况

第 5 题有 25％的学生选择不正确，说明学生对于反比例函数的性质有一定的了解，但不是很准确，教师在课堂中应该重点讲解，如图 5-12 所示。

选项	小计	比例
对	10	25%
错	30	75%

图 5-12 第 5 题反馈情况

2. 教学目标

根据以上对学情的分析，教师制定教学目标如下：

（1）知识与技能

①会用描点法画反比例函数的图象；

②结合图象分析，掌握反比例函数的性质。

（2）过程与方法

①通过描点画图、观察、猜想、归纳性质等活动，向学生渗透数形结合的思维方法；

②通过几何画板进行实验，观察反比例函数的图象，分析、探究反比例函数的性质，培养学生的探究、归纳及概括能力。

（3）情感态度与价值观

①让学生体会事物是有规律地变化着的观点；

②由图象的画法和分析，体验数学活动中的探索性和创造性，感受数学美。通过几何画板进行数学实验，激发学生的学习兴趣。

3. 教学设计

根据以上的分析，本节教学设计主要应用了发现学习教学模式，发现学习教学模式的理论基础是布鲁纳的认知结构学习理论。发现学习是指让学生通过自己经历知识发现的过程来获取知识、发展探究能力的学习方式和教学模式，它所强调的是学生的探究过程，而不是现成知识的被动接收。教师的主要任务不是向学生传授现成的知识，而是为学生的发现活动创造条件、提供支持。这种教学模式同时强调学生发现能力的培养和对学科知识结构的掌握。

每个问题的教学设计主要包括以下三个教学环节：

（1）问题提出：教师设置问题情境，将注意力集中在某个问题上。

（2）假设与检验：让学生提出假说，并加以验证，得出概括性结论。

（3）论证与应用：论证结论，运用新知识解决有关问题，促进知识的巩固和灵活迁移。

发现学习教学模式是典型的以学为主的教学模式。它有利于培养学生的发现能力和学习兴趣，有利于知识的学习和应用。

根据反比例函数图象的特点，本节课选择在计算机（网络）教室环境中进行教学。支持教师教学的资源包括讲学稿及多媒体课件，支持学生学习的资源和工具包括讲学稿及几何画板软件。根据本节课教材内容的特点，为了更直观、形象地突出重点，突破难点，可借助信息技术工具，以几何画板软件为平台，绘制反比例函数图象，通过动态的演示，观察相关数值的变化，研究图象的变化趋势，抽象概括出当自变量变化时，对应的函数值的变化规律，进而探究反比例函数的性质。

4. 教学过程

活动一　回顾旧知　激发兴趣

问题：作函数图象的一般步骤是什么？

师生活动：教师提问，学生思考、回答，教师根据学生回答的情况加以补充，通过一次函数的图象作图过程，引导学生作函数图象的一般步骤为：在自变量的取值范围内取一些值，列表、描点、连线。

活动二　动手作图　探索交流

问题：画出反比例函数 $y=\frac{6}{x}$ 的图象。

第一步：列表：

x	…	−6	−5	−4	−3	−2	−1	1	2	3	4	5	6	…
$y=\frac{6}{x}$	…													…

第二步：猜想：请同学们类比正比例函数的图象特征，从形状、位置、变化趋势三个方面猜测一下反比例函数 $y=\frac{6}{x}$ 的图象将会有哪些特征呢？

可能的回答：① 图象上的点都在第一、第三象限（为什么）；② 图象与 x 轴没有交点（为什么）；③ 图象与 y 轴没有交点（为什么）；

④ 当 $x>0$ 时，x 越大 y 越小（为什么）；⑤ …… 教师把学生对图象特征的猜想写在黑板上，并追问为什么会有这样的特征。

第三步：描点连线（验证猜想）。

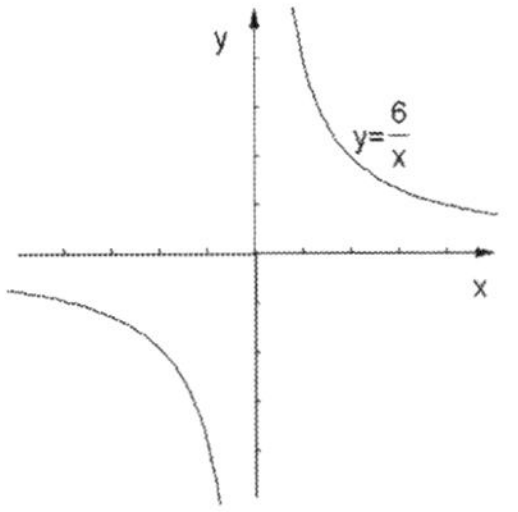

第四步：纠正作图中的错误。

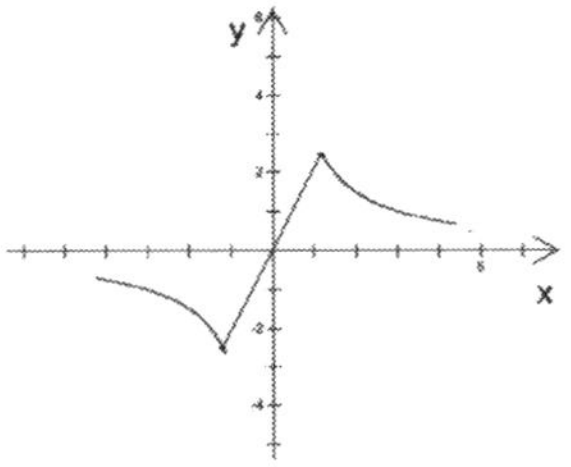

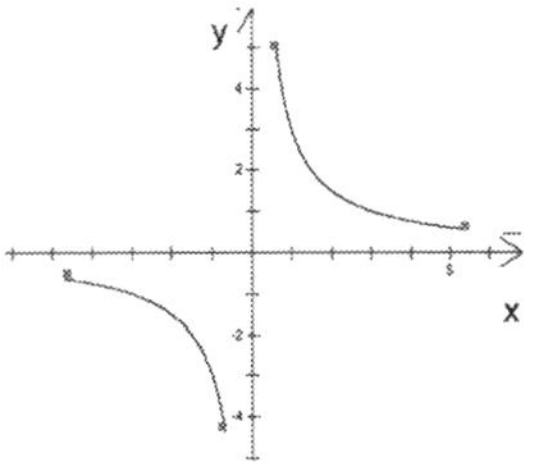

提问 1：请指出以上两幅图形有何错误或不足？为什么？

提问 2：为什么要用光滑的曲线连接各点而不用直线（线段）？

第五步：请同学们用几何画板画反比例函数图象，并总结性质。每个同学都动手，利用几何画板画反比例函数 $y=\dfrac{6}{x}$ 图象（分别取 20 个点、60 个点、200 个点以及 600 个点），以此来感受函数图象的产生过程，从而有效解决同学们在作图过程中遇到的疑问。

活动三　探索比较　发现规律

由于在问卷调查中，发现学生对于反比例函数图象形式的掌握不够，因此在这一部分，让学生通过教师提供的几何画板软件进行数学实验，让学生亲历知识的探究过程，从而积累丰富的数学活动经验，也让学生体会计算机对数学知识研究的深刻影响。

教师可放手让学生利用几何画板独立进行实验，从而归纳函数 $y=\dfrac{k}{x}(k<0)$ 图象的性质。

第一步：请同学们用几何画板画 $y=\frac{1}{x}$；$y=\frac{4}{x}$；$y=\frac{12}{x}$ 以及 $y=\frac{k}{x}(k>0)$ 图象，通过动态的演示，观察相关数值 k 的变化使函数图象有何异同?

第二步：学生归纳总结：①当 $k>0$ 时，双曲线的两支分别位于第一、三象限；②在每个象限内 y 随 x 值的增大而减小。(同时画出草图并用符号语言表达增减性)

第三步：反比例函数 $y=\frac{k}{x}$ 当 $k<0$ 时的图象是什么样的呢？有何性质？请同学们作 $y=\frac{-6}{x}$ 的图象进行研究。

第四步：学生已经有了对函数 $y=\frac{k}{x}(k>0)$ 图象研究的经验，教师可放手让学生利用几何画板独立进行实验，从而归纳函数 $y=\frac{k}{x}(k<0)$ 图象的性质。

学生验证猜想：①当 $k<0$ 时，双曲线的两支分别位于第二、四象限；②在每个象限内 y 随 x 值的增大而增大。

第五步：学生利用教师提供的软件拖动反比例函数图象上的一个点，观察它的对称点是否也在反比例函数图象上？最后总结反比例函数图象是否关于原点对称?

【设计意图】通过再次画出反比例函数 $y=\frac{-6}{x}$ 的图象，使学生巩固前面已获得的作图经验，提高学生利用描点法画函数图象的能力。同时，在总结说出反比例函数 $y=-\frac{6}{x}$ 的图象特征的过程中，使学生提高对图象的观察、感知、分析、概括的能力。应用几何画板演示反比例函数 $y=\frac{k}{x}(k<0)$ 图象的生成过程，能让学生印象更加深刻，理解更加透彻。

活动四　归纳总结　强化概念

填写表格 5-1，并交流。

表 5-1　反比例函数图象与性质

反比例函数	$y=\frac{k}{x}$（k 为常数，$k\neq 0$）	
k 的符号	$k>0$	$k<0$
图象（草图）		
所在象限	一、三象限	二、四象限
y 与 x 的变化情况	在每个象限内 y 随 x 值的增大而（　　）	在每个象限内 y 随 x 值的增大而（　　）
对称性	$y=\frac{k}{x}$ 的图象关于（　　）对称	

活动五　运用新知　拓展训练

（数→形）1. 反比例函数 $y=\frac{8}{x}$ 的图象在（　　）。

A. 第一、二象限　　　　B. 第一、三象限

C. 第二、三象限　　　　D. 第二、四象限

（数→形）2. 反比例函数 $y=\frac{1}{x}$ 的图象的两个分支分布在第（　　）象限，且 y 随 x 的增大而（　　）。

（数→形）3. 反比例函数 $y=-\frac{5}{x}$ 中，自变量 x 的取值范围是（　　）；当 $x>0$ 时，y 随 x 的增大而（　　）；当 $x<0$ 时，y 随 x 的增大而（　　）。

（形→数）4. 写出一个反比例函数，使得该反比例函数的图象在第一、三象限，该函数可以是（　　）；若点 P（2，3）在该函数的图象上，则反比例函数是（　　）。

（形→数）5. 反比例函数 $y=\frac{a-3}{x}$ 的图象在第一象限内，y 随 x 增大而增大，则 $a=$（　　）（写出一个符合条件的值）。

（数↔形）6. 若点 A（-1，a）、B（π，b）、C（2，c）都在反比例函数 $y=-\frac{k^2+1}{x}$ 的图象上，则 a、b、c 的大小关系是（　　）。

A. $a>b>c$　　B. $a>c>b$　　C. $b>c>a$　　D. $c>a>b$

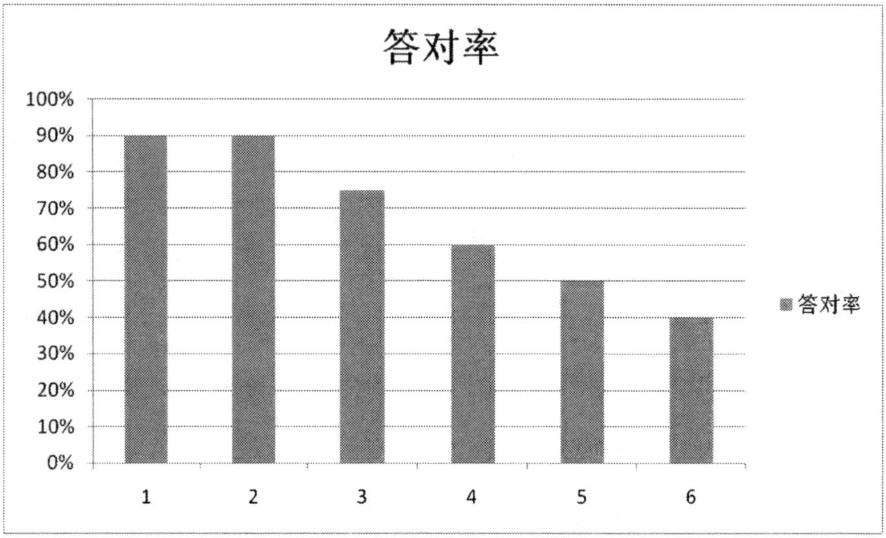

图 5-13　学生的答对率

如图 5-13 所示，第 5 题和第 6 题的答对率比较低，可知学生对于含有参数的反比例函数的图象及性质的掌握不是很准确，教师可以重点讲解此类含有参数的反比例函数的研究方法。第 4 题的答对率也相对较低，第 4 题和第 5 题都是“形→数”的类型，说明学生对于数形结合的数学思想还不是很清楚。

5. 教学反思

本节课以在线问卷调查所得到的数据为驱动，得到学生的预习情况以及对相关知识的掌握情况，以得到的数据为依据来设计整堂课的教学，并且在课堂中，根据学生的做题数据来判断学生对于本节课的理解和掌握程度。

课堂上，教师运用信息技术动态展示图象，揭示图象所承载的函数特征，让学生亲历知识形成的过程，既高效地使学生理解了教学的重点内容，又让学生亲历知识产生的数学活动，多媒体的使用恰到好处。

三、案例三　初中数学《因式分解》

1. 教学起点

教师对《因式分解》的学习内容进行了分析，确定了学生认知的理论起点，包括前提知识和预备技能两个方面。学生需要具备的前提知识：对整式乘法运算及两个重要的乘法公式有清晰的概念认识和运算能力，乘法分配律及其逆运算、因数分解。由于因式分解是整式乘法及两个乘法公式的相反过程，因此学生需要具备的预备技能包括要在掌握乘法公式的基础上运用转换思想，类比迁移因数分解、乘法分配律的逆运算来理解因式分解的概念。学生对整式乘法、整式除法运算的掌握程度会直接影响其因式分解运算的能力。

认知理论起点分析的结果将作为教师编制诊断试卷的依据。以学生理论上应当掌握的内容及对内容的掌握程度为基准去选择测试题的内容和确定测试题的难度。

对于学生而言，并非教师教过什么内容，学生就完全接受什么内容。每个学生对材料的建构加工过程存在个体差异，教学对学生所施加的影响或被重新建构，或被遗忘，等等。在相同的授课后，学生的学习结果并不相同，因而认知起点分析的核心就是鉴别学生当前的真实水平，即认知的现实起点。本节课选用编制相应的测试卷，通过分析测试结果来把握学生的现实起点，从而帮助教师确定教学起点、教学目标及教学设计过程等。

表 5-2　课前诊断试卷

试卷题目	测试点
1. 完成下列乘法运算 a. $2n(-1+3mn^2)=$ b. $(2x-3)(x+4)=$ c. $(2x+3y)(3x-2y)=$ d. $(-1-2a)(2a-1)=$ e. $(-2x+1)^2=$	理解因式分解的概念时学生需要对整式乘法的结构熟悉，同时具备熟练完成整式乘法运算的能力

续表

试卷题目	测试点
2. 完成下列除法运算 a. $(5x^3y^2-10xy^2+5xy)\div 5xy=$ b. $(a^4b^7-a^2b^6)\div(ab^3)=$ c. $(-2x^2y^5)^2\div 2xy^2=$	运用提公因式法完成因式分解，学生需具备的一个重要能力就是多项式除以单项式的运算能力
3. 思考：(6^2-1^2) 能被哪些数整除？请写出你的思考过程	因式分解概念理解的一部分是因数分解由数到式的过渡，本题测试学生对因数分解的掌握情况，另外考查学生对 (6^2-1^2) 的处理方法
4. 请你列出两个式子，分别是乘法分配律及其逆运算的式子	因式分解概念理解的另一部分是对乘法分配律及其逆运算的结构理解
5. 判断下列每组单项式中是否含有相同的因子 a. $8a^2bc$ 与 $2ab^2$ b. $3x^3y^2$ 与 $-x^3y^2$ c. $5m^2n^6$ 与 $15p^2q^6$ d. $(-4x^3y)^2$ 与 $8x^4y^2$ e. $(m+n)x$ 与 $(m+n)^2y$	回顾最大公约数相关知识并结合公因式运算，掌握因式分解的方法

该试卷让班级 50 人进行测试，诊断结果如图 5-14 所示。

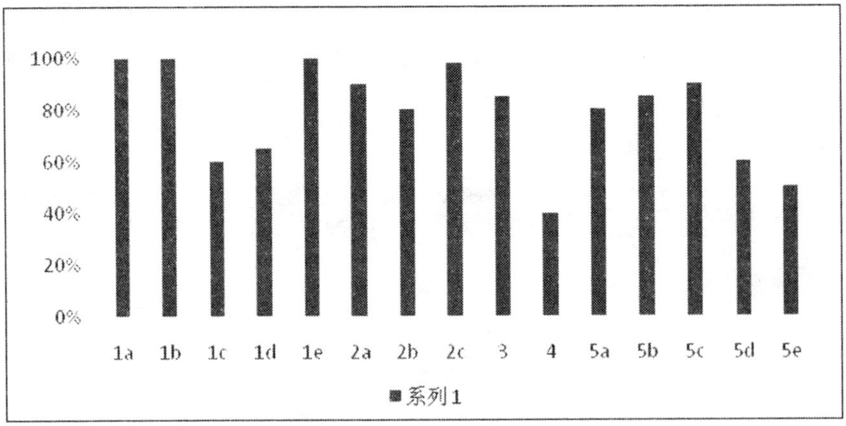

图 5-14　诊断性测试卷中每题的正确率

诊断性测试的结果显示学生前提知识的掌握程度大致令人满意。但是，学生在 1c、1d、4、5d 和 5e 上，普遍出现了不理想的结果，学生在题目 5d 和 5e 上表现不理想，这并不难理解，学生还没有学习公因式这一概念，部分学生只是初步具有相同因式这一概念。1c 和 1d 都是基础的整式运算，但是学生的正确百分率比较低。这两道题目学生的错误都是误将其当成了平方差公式，系数的相似使学生出现了判断错误，故直接运用平方差公式得到结果。第 4 题正确率最低，乘法分配律是学生应该熟悉的，大部分学生能给出乘法分配律的式子，但仍有一部分学生对乘法分配律的逆运算表达不当。

2. 教学目标

认知起点所对应的教学设计要素主要包括学习目标及活动任务内容。教师基于在上述行动过程中对学生认知起点水平所做测试与分析的结果，确立了教学目标为：

（1）知识与技能：

①理解因式分解的概念；

②区别辨认整式乘法和因式分解；

③运用整式乘法和因式分解的互逆关系理解因式分解的两种方法，并能完成因式分解运算。

（2）过程与方法：

①在探索因式分解概念与方法的过程中，在由数到式的迁移中体会类比的数学思想；

②逐步形成独立思考、主动探索的习惯。

（3）情感态度与价值观：

培养学生观察、分析的能力，深化学生的逆向思维能力。

3. 教学内容

根据测试诊断的结果，教师确定本节课的教学内容主要包括：因式分解概念的理解、两种方法（提公因式法和公式法）的运用。

4. 教学过程

表 5-3 《因式分解》教学过程

<table>
<tr><th rowspan="2">教学环节</th><th colspan="2">教学过程</th><th rowspan="2">设计意图</th></tr>
<tr><th>教师活动</th><th>学生活动</th></tr>
<tr><td>复习旧知</td><td>课件呈现复习题
1. $(-3x+y)(-3x-y)=$
2. $(m+3n)^2-(2m+n)(2m-n)=$
3. $(x+y-z)(x+y+z)=$
4. $(x+y-z)(x-y-z)=$
教师主要让诊断测试中表现不佳的同学回答问题</td><td>学生独立完成问题</td><td>四道复习题都是对平方差公式运用的强化。熟悉公式的结构特征是因式分解的必备基础，熟悉整体法和准确处理符号也是因式分解中必备的运算能力</td></tr>
<tr><td>导入新课探索归纳</td><td>1. 讨论：75 能被哪些数整除
2. 完成下列式子<table><tr><td>$m(a+b)=$</td><td>$ma+mb=$</td></tr><tr><td>$(a+b)(a-b)=$</td><td>$a^2-b^2=$</td></tr><tr><td>$(a+b)^2=$</td><td>$a^2+2ab+b^2=$</td></tr></table>观察、对比上述两组式子，你能发现它们的区别和联系吗？鼓励学生自己组织语言来描述通过观察、对比得到的结论
3. 教师小结因式分解与整式乘法的关系；归纳出因式分解的概念</td><td>学生讨论问题 1，回忆因数分解的相关知识

在教师的引导下，从形式上对比两组式子，尝试表述出具体的区别与联系</td><td>通过观察、对比、分析，学生在头脑中先初步感知因式分解与整式乘法是不同的运算，但又有一定的联系。这样就达到了分解难点的目的，接着教师再在此基础上给出因式分解的概念，促进学生在感知概念的基础上，培养学生观察能力及逆向思维的能力</td></tr>
<tr><td>导入新课探索归纳</td><td>1. 多项式 $ma+mb+mc$ 中的各项都含有一个相同的因式
2. 多项式 $5a^3b-10a^2bc$ 中的各项都含有一个相同的因式
教师小结：每一项中都含有的相同的因式，称为公因式</td><td>学生经过思考，得出概念</td><td>从最简单的形式开始研究，引出公因式的概念，有助于重点突破，为提公因式法的引出做好铺垫</td></tr>
</table>

续表

<table>
<tr><th rowspan="2">教学环节</th><th colspan="2">教学过程</th><th rowspan="2">设计意图</th></tr>
<tr><th>教师活动</th><th>学生活动</th></tr>
<tr><td rowspan="4">方法探索总结概念</td><td>1. 请找出下列多项式的公因式，归纳寻找公因式的一般步骤
<table><tr><th>多项式</th><th>公因式</th></tr><tr><td>$4x+4y$</td><td></td></tr><tr><td>$8x+12y$</td><td></td></tr><tr><td>$8ax+12ay$</td><td></td></tr><tr><td>$8a^3bx+12a^2b^2y$</td><td></td></tr></table>教师小结：确定公因式的方法——各项系数的最大公因数（系数为整数）与各项都含有的相同字母的最低次幂的积。</td><td>学生思考并完成问题1，说出自己的思路</td><td>让学生自主思考、讨论并做出小结，有助于学生思维互补，弄清知识的来龙去脉，进而突破难点</td></tr>
<tr><td>2. 练一练
<table><tr><th>多项式</th><th>公因式</th></tr><tr><td>$4a^3b-8a^2b^2$</td><td></td></tr><tr><td>$9x^2-6xy+3x$</td><td></td></tr></table>教师小结：把公因式提出来，多项式分解成两个因式的乘积。这种因式分解的方法，叫作提公因式法。</td><td>师生共同完成例题学习，在过程中学生应注意解题的规范性</td><td>通过练习进一步内化新知识，突破难点，也为下面的提公因式法分解因式做准备</td></tr>
<tr><td>3. 例题学习
$6a^2-8a^3=$
$15a^2b+3ab=$
$-4x^2y+6xy^2-2xy=$
$-3ax+6ab-12ax=$</td><td>学生讨论总结提公因式法应注意哪些易错点</td><td>在例题中先出现二项式，再出现三项式，层层递进，有利于学生准确地运用提公因式法进行因式分解</td></tr>
<tr><td>4. 教师小结提公因式法的基本步骤以及检验因式分解的方法</td><td></td><td>强调如何检验因式分解的正确性，再一次使学生体会因式分解和整式乘法的关系，同时也为以后学习整式的恒等变形做准备</td></tr>
</table>

续表

教学环节	教学过程		设计意图
	教师活动	学生活动	
练习提升	通过练习，巩固新知	学生独立完成练习，教师加以指导。发现学生中有做错的情况，大家一起讨论、改正	通过练习落实本节的教学目标，指出容易出错的地方，加以练习
分层作业	教师针对不同层次的学生对知识的理解程度，有针对性地布置作业		对不同层次的学生布置不同的作业，比较有针对性

5. 教学反思

从诊断性测试的结果来看，学生对乘法分配律的逆运算掌握情况不佳，故教师在设计概念导入部分时，选择两组相反的式子让学生通过直观对比来感受互逆的过程，强化学生的逆向思维能力。因为学生在诊断测试多项式除以单项式的题目中表现良好，教师认为学生对提公因式法的理解不困难，但诊断结果显示部分学生对公式的结构特征理解得不够，在公式法的运用过程中可能会遇到学习困难。根据这两点反馈，教师在复习旧知环节选择了四道从不同角度针对公式进行考查的题目。

本节课以诊断性测试卷所得到的数据为驱动，得到学生的认知起点，并以得到的数据为依据来设计整堂课的教学。以数据为驱动来设计教学，既高效地使学生理解了教学的重点内容，又让学生亲历了知识产生的过程。

第六章

基于微课的课堂教学模式与方法

基于微课的课堂教学应当瞄向教育目标分类中的高阶目标（评价、创造）的培养上，不应当停留在低阶（记忆、理解）教育目标的层次。另外，微课巨大的教育价值并未充分被教育一线的教育者挖掘出来，很多微课的课堂教学应用停留在十分肤浅的“生拉硬拽”的层面上，按照应试教育思维理解基于微课的课堂教学，只能把中国的教育引入歧途。曾几何时，我们的多媒体教学与纸笔应试无异，只不过是把填鸭式的“人灌”换成了“人机共灌”的混合模式，本质内涵依旧不变。基于微课的课堂教学模式不能走“人灌”变“机灌”、“电灌”变“网灌”的老路，要深刻理解微课给教育教学带来的变革本质，剔除一切阻碍教学改革的思维痼疾与定势。

第一节　教学流程再造
——微课、翻转课堂与课堂教学

一、用视频再造教育

2011 年 3 月萨尔曼・可汗（Salman Khan）在美国加利福尼亚州举行的 TED 大会上发表演讲，题目叫《用视频再造教育》，讲的是可汗学院的故事。主持人比尔・盖茨对可汗的评价是："太精彩了，你让我们领略了未来教育的一瞥，你预见了教育的未来。"

可汗学院的故事还得从 2004 年讲起，当时可汗 12 岁的表妹纳迪亚在一次数学考试中考砸了，于是向这位数学天才表哥求助。通过雅虎的聊天软件、互动写字板和电话，到后来的微课视频，可汗帮她解答了所有问题，为了让她听明白，他尽量说得浅显易懂。没想到这种形式竟然好评如潮，于是，可汗在 2006 年创办了可汗学院①。

可汗学院让教学视频火了起来，但他自己在其著作《翻转课堂的可汗学院》中指出了几个让人大跌眼镜的事实。首先，最开始辅导表妹纳迪娅用的是雅虎、Skype、写字板之类的聊天软件，而不是视频文件。由于后来他的侄子、外甥、外甥女也上门讨教，一时间，可汗忙不过来了，而视频通话被认为是一对一效率最高的选择，他索性把自己的数学辅导材料制作成视频，放到 YouTube 网站上，方便更多的人分享②。

其次，把教学视频上传到 YouTube 网站上最初不是可汗自己的想

① 萨尔曼・可汗. 翻转课堂的可汗学院：互联网时代的教育革命［M］. 刘婧，译. 杭州：浙江人民出版社，2014：5.

② 金陵. 翻转课堂与微课程教学法［M］. 北京：北京师范大学出版社. 2015：4.

法，而是听从了一个朋友的建议。在朋友提出为什么不把视频上传到YouTube的那一刻，可汗甚至觉得这是一个可笑至极的想法，觉得YouTube这种搞笑视频网站无法和严谨的数学产生任何联系[①]。而且，可汗用Skype来辅导表妹纳迪娅的时候，并没有设定每次辅导课程的时长，只有在其中一人有事情必须离开，或者表妹已经掌握了某个概念时，才会中断课程。然而，为了将教学视频发布到YouTube上，必须遵守当时网站的技术要求，即视频长度被限制在10分钟以内，于是可汗的微视频课程的时长都被控制在了10分钟。

基于现在人们对微课的认识，教学视频是一种集合各种多媒体元素的高效、自主、个性化的教学方式。中山大学王竹立教授认为微课有一个特点符合了网络学习的需要，那就是强调了视频的重要性。以前网络学习资源主要以文字和图片资源为主，有段时间一度认为拍摄教学视频不太重要了，然而微课的兴起恰恰源于对传统教学视频的改造。它既克服了传统教学视频时间过长（以一堂课时间为标准）、不适应网络观看的缺点，又继承了视频教学图文并茂、动静结合、有声有色、有情（表情）有境（情境）等优点，相较以往网络学习资源以静态的图文内容为主，更加容易被人接受。这些优点使得微课在网络时代获得了长久的生命力[②]。

另外，根据美国哈佛商学院有关研究人员的分析资料，人的大脑每天通过五种感官接受外部信息的比例分别为：味觉1%，触觉1.5%，嗅觉3.5%，听觉11%，视觉83%，视觉和听觉共占据了94%。因此，微课可以调动学习者的视觉和听觉感官，形象地向学习者传达信息[③]。

由此可见，可汗完成了教学视频的再造，也正在推动视频对教育生态的重塑进程。

---

① 乔纳森．翻转课堂与慕课教学［M］．北京：中国青年出版社．2015：1.

② 王竹立．微课真正的价值在哪里？［EB/OL］．[2016-12-19].

③ 薛峰，周月，石雪飞．完善终身教育实践的有效路径——微课学习的调查研究报告［J］．教育信息技术，2016（4）：49.

二、翻转课堂先驱的教学实践

几乎与可汗学院同时，2006 年美国科罗拉多州林地公园的一名高中化学老师乔纳森·伯格曼与他的一名叫亚伦的同事共同组建了化学教学部，负责全校 950 名学生的化学教学工作。在教学过程中，他们发现很多学生会因为要参加各种比赛和活动而错过大量的课程。为了帮助落下课的学生，他们将所有的课堂讲稿都预先录制成视频，要求学生观看视频并作为家庭作业，用来帮助学生理清他们不懂的内容。就这样，2007 年，他们共同创立了翻转课堂①。

乔纳森·伯格曼曾在 2002 年获得美国数学与科学卓越教学总统奖，作为翻转学习运动的创始人之一，他也是翻转学习网络（Flipped Learning Network）创立委员与核心人物。这是由翻转教育工作者经营的一个非营利性组织，提供有关翻转学习的研究与资源。如今，翻转课堂在美国已不再新鲜，几乎每所学校都可以看到有教师在使用翻转课堂。

乔纳森·伯格曼指出翻转课堂的十大错误做法，也很值得教育工作者深思。（1）视频太长，正常情况下视频不要超过 10 分钟，制作视频时要考虑学生所在年级；（2）学生不能很容易地找到视频；（3）对于那些不看视频的学生，教师没有制定相应的计划；（4）教师遇到挫折就放弃（过早地放弃）；（5）对于那些不能完全理解视频的学生，教师没有制定相应的计划；（6）视频中没有互动内容；（7）教师直接使用别人的视频，自己不制作视频（提倡借鉴和创新）；（8）教师没有提前教学生如何看视频；（9）不让关心学生学习的其他人员（家长等）介入；（10）不能很好地利用课堂时间②。

① 白雪梅. 关于翻转课堂的思考——基于“第十四届教育技术国际论坛”乔纳森·伯格曼翻转课堂的报告 [J]. 中国医学教育技术，2016（2）：15.

② 白雪梅. 关于翻转课堂的思考——基于“第十四届教育技术国际论坛”乔纳森·伯格曼翻转课堂的报告 [J]. 中国医学教育技术，2016（2）：18.

三、微课、翻转课堂的中国实践

人们普遍认为中国微课概念成型是源于广东佛山的教育教学的比赛。胡铁生率先提出“微课”，认为微课是按照新课程标准及教学实践要求，以教学视频为主要载体，反映教师在课堂教学过程中针对某个知识点或教学环节而开展教与学活动的各种教学资源的有机组合。胡铁生也指出，如果换一种思维方式，只将教学重点、难点、考点、疑点等精彩片段录制下来提供给教师，借鉴意义和交流价值更大，也方便学生随时随地点播，能重复使用，利用率高①。

中国的微课实践提倡者胡铁生等人总结了微课三个不同的发展阶段，从最初的“一种新的资源构成方式”（微型资源构成）拓展到“一个简短的教与学活动过程”（微型教学活动），最后提升到“一种以微视频为主要表现方式的在线网络学习课程”（微型网络课程），体现了对微课认识的不断深化与完善。全国首届中小学微课大赛教师问卷调查显示，有76%的教师认为，微课的设计与开发过程中最重要的环节是“微课的教学设计”，比例远高于“选择微课教学主题”（45.02%）、“制作微教学课程”（43.8%）、“教师教学活动实施过程”（42%）等环节。同时，调查表明，有34%的教师认为，自己在微课制作过程中，遇到的主要问题或困难是“没有掌握微课的设计方法”②。

目前中国城镇条件较好学校的优秀教师中，有85%没有尝试过翻转课堂教学，更有少部分教师从来没有听说过翻转课堂教学。可见，翻转课堂教学改革在中国发展还是很缓慢的③。

---

① 戴小雁. 农村初中科学微课应用的现状调查与分析［J］. 教育科学，2016（2）：197.

② 胡铁生，黄明燕，李民. 我国微课发展的三个阶段及其启示［J］. 远程教育杂志，2013（4）：40.

③ 马九克. 微课视频制作与翻转课堂教学［M］. 上海：华东师范大学出版社，2016.

第二节　基于微课的课堂教学模式与方法

通过课堂，教师向学生传授知识，学生从教师那里接受新知识，课堂可以说是整个教学过程中最为重要的环节。高水平、高质量的课堂教学能让学生体会到学习的魅力，让师生互动良好有效，让学生在最短的时间内掌握知识、促进智力发展并获得积极进取的情感。而微课作为教学的一种新型模式，凭借着“短小精悍，使用方便”的特点，迅速成为现代教育普遍采用的形式。在原有课堂中的某个教学阶段适当引入微课，不仅丰富了教学的内容、组织形式以及教学手段，还可以集中学生的注意力、引发他们的兴趣，延长课堂的有效学习时间。不可否认的是，引入微课后的课堂教学模式打破了以往传统课堂的局限性，更加适合现代教育技术发展的需求。到目前为止，微课引入课堂教学后产生的教学模式主要有三种：基于微课的翻转课堂教学模式、微课嵌入常规课堂教学模式、基于微课的课堂探究教学模式。

一、基于微课的翻转课堂教学模式

翻转课堂（flipped classroom）是对传统课堂旧有模式的反转，即教师创建微课视频，学生在家中或课外时间，通过观看微课视频中教师的讲解进行自主学习。在课堂上，教师对学生在学习中出现的问题进行答疑，组织学生分组协作共同探究，教师进行个性化辅导以及对知识的巩固提高等。这大大提高了学生的学习主动性和自学能力，也大幅度提高了师生之间、同学之间相互辅导与交流的有效性①。微课与翻转课堂的结合，有利于提高学生自主学习的能力，有利于教师合理安排课堂

① Ash K. Educators view “Flipped” model with a more critical cyc[J]. Education Week，2012，32 (2)：6-7.

教学。

微课视频是开展翻转课堂教学的基础，它要求教师在备课时，不仅要有文字的教案，还需要制作微课教学视频。虽然大多数的微课视频网上都能找到，但其中大部分是不能够拿来直接使用的，因为学校的层次、属性、所教学生的基础水平不同，学生所使用的教材也不同，不同的教材对同一个知识点的要求也不尽相同。所以，教师要能够自己制作出合适的微课视频，提供给自己的学生学习①。

教师在制作微课视频供学生自主学习时，需要选择适合的教学内容进行微课设计。教师要知道并不是所有的课程都适用微课形式教学。微课的时间相对而言是比较有限的，所以要选择把重点、难点制作成微课，要将抽象的知识形象化、具体化，让学生观看后能够从中获取知识，这样才能体现出微课的价值所在。同时，微课的设计要注重微课授课对象的特征，因为微课教学需要与信息技术紧密结合，所以教师应该关注微课授课对象的特点，确保学生都可以通过网络进行微课学习。教师可以将微课上传至在线学习平台，这样学生就可以随时随地利用电脑、智能手机等信息设备进行自主学习。

有了微课视频后，教师就可以在课堂上进行翻转课堂的实践性教学。基于微课的翻转课堂教学模式主要有：基于微课的训练掌握型模式、基于微课的问题探究型模式和基于微课的研讨建构型模式。

1. 基于微课的训练掌握型模式

基于微课的训练掌握型翻转课堂就是以自主学习、练习巩固和达标测试相结合的形式，使学生熟练掌握并灵活运用所学知识，形成与之相关技能的课堂教学模式。

传统的课堂是“课堂学习＋课后练习”，而基于微课的翻转课堂则是“课余学习＋课堂练习”。学生在自习课或课外通过观看微课视频进行自主学习，回到课堂上后与教师和同学进行面对面交流，讨论自主学

① 马九克. 微课视频制作与翻转课堂教学［M］. 上海：华东师范大学出版社，2016.

习中所遇到的问题及困难，并完成练习。基于微课的训练掌握型翻转课堂的基本环节如图 6-1 所示。

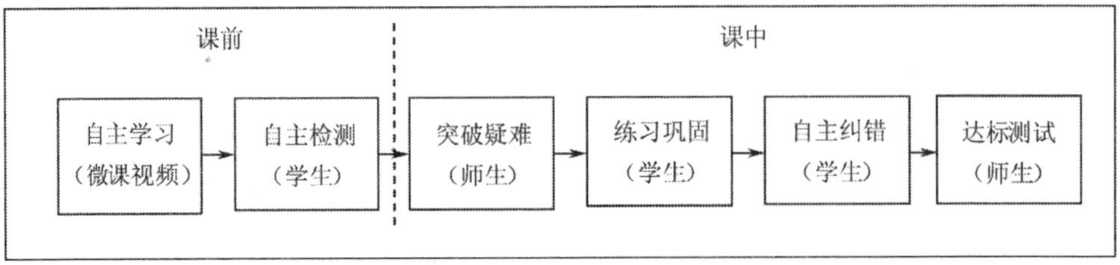

图 6-1　基于微课的训练掌握型翻转课堂的基本环节

（1）自主学习

在基于微课的训练掌握型翻转课堂教学模式中，教师不再用上课的时间来讲授知识，这些知识需要学生在上课前通过微课平台观看微课视频及相关学习资料进行自主学习，并且通过讨论区与同学进行交流讨论。

在上课前，教师会根据课程内容及教学安排将重点的内容分离出来，以确定微课的内容，完成微课的制作，并以“任务单”方式派发给学生。“任务单”是学习的指引，帮助学生了解学习的目标，实现高效自主的学习。具体过程：首先，教师要充分考虑到课堂的实际状况，根据课程的重点知识采集微课素材并录制课程，可以通过动画视频的形式进行展现，视频内容要清晰简明，尽量将抽象的问题具体化、形象化；其次，将制作好的微课学习资源上传到微课在线学习平台上，同时创建一个在线答疑、在线讨论等信息化学习的平台，便于学生之间的交流与讨论；最后，在上述准备环节都完成的基础上，组织学生在规定时间内根据“任务单”通过观看微课视频，参与在线答疑、讨论等环节完成自主学习的任务，达到自主学习的目的。这个过程实际上就是将传统课堂上教师讲课的这一部分内容放到了课前让学生自主学习完成。

（2）自学检测

尽管学生在课前通过观看微课视频及相关资源进行了自主学习，对该节课的基础知识及基本的解题技巧、方法有一定的理解和掌握，然而检测学生对知识的理解及掌握程度还是很重要的。所谓的检测是要学生回顾和总结通过观看视频自主学习后的收获，并且梳理疑惑和问题，以此来确定课堂训练学习的重点及难点，增强教师在课堂上对学生进行指导的针对性。如果学生的总结和梳理不够到位，教师可以进行补充和完善。对于大多数学生通过观看微课视频和相关资料没有理解的教学内容，教师需要进行重点补充讲解。

（3）突破疑难

在课堂中，要充分发挥出学生学习的积极性和主动性，把课堂交给学生。翻转后的课堂重点是以小组形式进行学习，解决课前观看微课视频中遇到的问题。教师可以根据学生对问题的选择进行分组，并对小组内成员进行分工，让学生明白任务。小组进行讨论、互动、交流、展示、合作与分享，先在组内自主探究，寻求解决问题的方法，共同解决问题，并对小组活动进行评价。如果小组内通过讨论交流仍然无法解决问题，可以让其他已经解决的小组成员进行讲解，帮助解决问题。如果是同学们都无法解决的问题，教师可以给予提示，一步步引导学生解决问题，使学生充分参与到探索解决问题的过程中，培养学生的学习主动性和思考、解决问题的能力，使学生能够自主地完成知识的内化以及应用。

待提出的问题解决后，教师便能够继续布置新的任务，这些任务包括第一阶段未能解决的问题或者尚未涉及的知识点等，让学生通过自主探究或者小组合作的方式进行学习。

（4）练习巩固

对于所学的知识，需要通过反复的练习才能掌握，达到熟能生巧的地步。将原始课堂中“学生课堂学习”、“课后练习”翻转为“课前观看微课视频自主学习”、“课堂练习”的模式，使学生用于练习巩固的时间更多了，还可得到同学、教师的帮助，完成微课平台上的相关练习或其他资料上的练习，以达到巩固和提高的目的。

（5）自主纠错

学生在练习中遇到不会做或做错的题目，可以通过观看教师的习题讲解微课视频或查阅习题详解、与同学进行交流等方式进行自主纠错。

（6）达标测试

为了检测学习的效果，在一个单元学习完成后，要进行达标检测。

对于已掌握知识的学生，达标检测可以起到强化作用，并设置进入下一单元的学习的提示。对于没有达到掌握水平的学生，可以进行有针对性的辅导，找出他们的问题所在和没有掌握的知识点。教师可以推荐相关的微课视频，这些学生可以通过观看微课及教师个性化的辅导再学习一次。学完之后，对这些学生再进行一次达标检测，直到达到掌握的水平，才能进入下一单元的学习，以此保证大部分学生都能达标。

基于微课的训练掌握型翻转课堂教学模式，有利于面向学生的个体差异开展教学，因材施教，提高教学质量及学生的学习水平。

2. 基于微课的问题探究型模式

基于微课的问题探究型翻转课堂是以探究性学习的形式展开的课堂教学模式。探究性学习是学生在教师的指导下，从学科领域和实践生活中的问题出发，通过各种各样的探究活动，提高自身发现问题、解决问题的能力①。

这种学习方式的中心就是问题，让学生在面对问题的时候，就有想解决它的欲望，就要想尽办法寻找解决问题的方法。在解决问题的过程中，要对问题进行分析、推理、假设，通过观察、搜索、收集资料和观看微课视频等方式，对资料进行分析、比较、归纳，寻找问题的解决办法。最后通过与同学、教师的讨论交流解决问题，并发现新的问题，对问题做进一步的深入研究。基于微课的问题探究型翻转课堂的基本环节如图 6-2 所示。

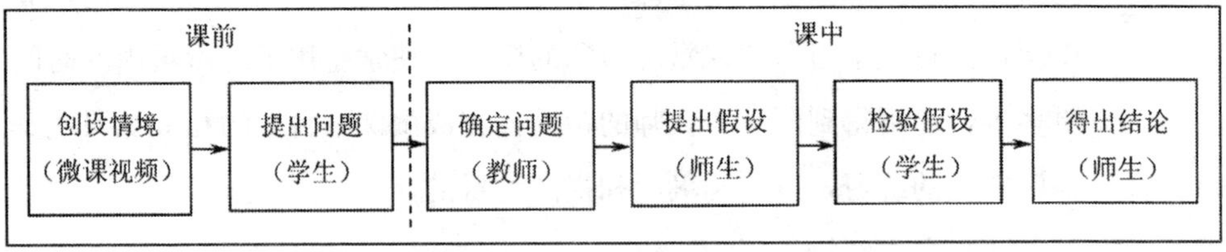

图 6-2　基于微课的问题探究型翻转课堂的基本环节

① 王奕标．透视翻转课堂——互联网时代的智慧教育［M］．广州：广东教育出版社，2016.

（1）创设情境

教师在学生观看的微课视频中创设与教学内容相关的情境，使学生在观看微课时能够发现矛盾或问题。

（2）提出问题

学生在课前观看微课视频自主学习时，能够掌握基础概念和原理，并提出和归纳问题。

（3）确定问题

教师根据学生提出的问题，梳理并选择需要学生进行探究的问题，或者教师提出需要学生探究的问题。

（4）提出假设

教师提供一些资料，引导学生通过分析和研究这些资料，提出假设。

（5）检验假设

学生从不同的角度去检验所提出的假设，包括获取可以帮他们解决问题的资料，根据取得的资料进行分析、观察、假设、验证等活动，提出自己的解释，并与同学进行交流。

（6）得出结论

学生根据自己的分析和与同学的交流，对问题做出结论，获得相关的知识。

基于微课的问题探究型翻转课堂，要求在教师的启发和引导下，学生在具体的情境中自觉主动地探索、研究事物的本质，发现事物之间的联系和规律，从而获取知识。在这种教学模式中，要把学生作为教学活动的主体，以学生为主体来开展教学活动，学生在自己积极主动的探索中，发现问题并解决问题，就如同问题是学生自己发现的，解决方法也是自己发现的。学生从探究问题的过程中获得满足感，激发他们继续探究学习的兴趣。

3. 基于微课的研讨建构型模式

基于微课的研讨建构型翻转课堂教学模式是一种以研讨交流的形式

促进学生知识建构的教学方式。这种教学方式是以解决问题为中心的，强调教师在精心准备和指导下，为实现一定的教学目标，通过设计与组织，启发并引导学生就某个问题发表自己的看法，培养学生独立思考的能力和创新精神。在这种教学方式中，需要学生与教师围绕一个问题，经过认真、充分的准备，在课堂上各抒己见，相互启发，共同探讨，以求得到问题的解决方式。基于微课的研讨建构型翻转课堂教学模式的基本环节如图 6-3 所示。

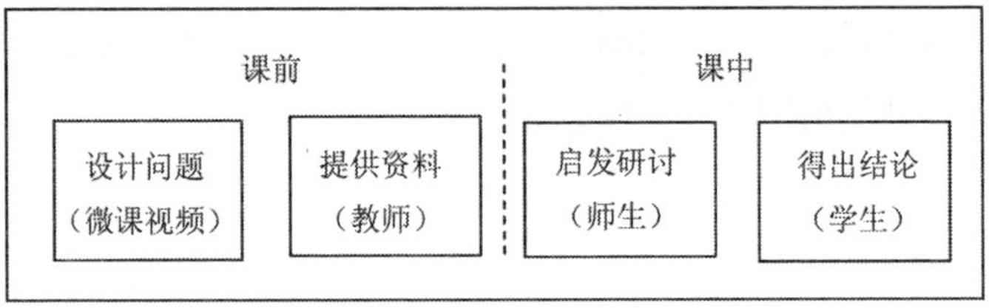

图 6-3　基于微课的研讨建构型翻转课堂教学模式的基本环节

（1）设计问题

教师根据知识重点、难点、疑点等设计微课的主题并制作成微课视频。

（2）提供资料

针对微课涉及的知识内容，教师提供相关的辅助学习资料。

（3）启发研讨

以小组或者班级为单位，对一个问题进行讨论，学生之间相互辩论，共同探讨，各抒己见，在思想上进行交流，以此扩大学生的知识面和提高分辨能力，同时提高学生解决问题的能力。

（4）得出结论

在整个教学过程中，教师是教学的“导演”，对学生的思维和方向进行引导和启发，学生则在教师的引导下有意识地进行思维探索活动。学生的学习始终处在“问题—思考—探索—解答”的积极状态。学生看问题的角度、方法各不相同，当对于不同的观点和看法进行讨论时，就会形成外部刺激，引起学生的高度兴趣和注意，从而产生自主性、探索性和协同性的学习。

二、微课嵌入常规课堂教学模式

微课嵌入常规课堂教学模式是指将微课作为常规教学资源嵌入在课堂教学中（如教学导入、新授内容、课堂练习等环节）的使用模式，基于微课的常规教学的主要环节如图 6-4 所示。

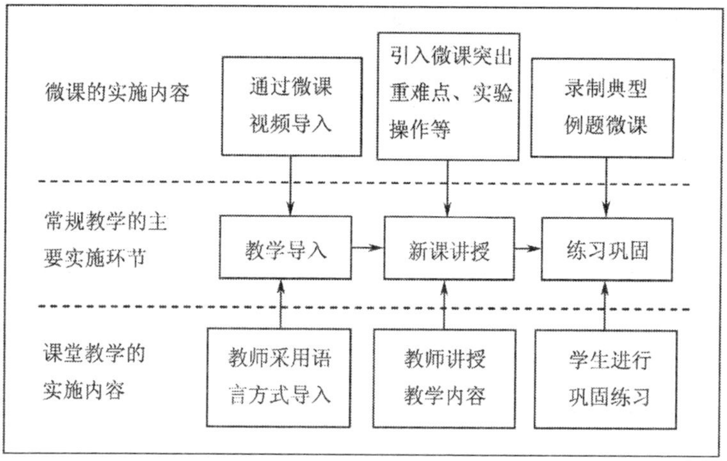

图 6-4　基于微课的常规教学模式主要环节

1. 教学导入环节

导入是课堂上正式教学的开始，它是指课堂教学开始之时，教师有意识、有目的地引导学生进入新的学习状态的教学组织行为，是教师和学生在此过程中所有教与学活动的统称①。教育学家赫尔巴特说过：教育应贯穿于学生的兴趣之中。引导的过程就是为新内容的呈现搭桥、铺路的过程，是引发学生学习兴趣、诱发求知欲望、启发积极思维、为新知识的学习做好知识准备和心理准备的过程。俗话说“好的开始是成功的一半”，恰当的导入会让教学成功一半。当前的课堂导入环节，许多教师都习惯采用语言的方式导入，这样既简单又快捷。然而，导入的通俗化与趋同化，让学生感到越来越枯燥乏味，因此，教师需要认真做好

① 赵鹏. 学科教学与信息技术应用（理科）［M］. 长春：东北师范大学出版社，2015.

课堂导入环节的设计。导入的方式是多样的，教师可以在不同的导入方式中选择使用微课进行导入。下面列举微课的几种导入方式：

（1）直观导入

教师用直观导入法导入时，在讲授新课前，先引导学生通过微课观察实物、样品、标本、模型、图表、幻灯片、电视片段等，以此引起学生的兴趣，并从观察中提出问题，创设研究问题的情景。在直观感知过程中产生的疑问将引起学生学习新知识的强烈欲望，而且微课展示的内容比语言更有说服力和真切感，更加形象和直观，这将引起学生的学习欲望并增强学生的感知。因此在导入时，对一些抽象的概念，教师可以借助微课展示实物，加深学生对事物的印象，激发学生的学习兴趣。

（2）情景导入

情景导入指利用形象、直观的教学手段创造情景，把认知活动与其发生的实际生活情景有机结合起来。情景导入法是文科教学中比较常用的一种导入方法，课文中的对话大多是在一定情景中发生的①。教师可以根据新课的知识点设计出新颖的情境来制作微课，在微课中揉入更多能够让学生在直观理解上认同的元素，在讲课前播放，创设出与新课相关的学习情景或任务环境，从而吸引学生的注意力，激发学生的学习兴趣和求知欲，为课堂教学奠定良好基础。

（3）悬念导入

在导入中，通常结合文字、图象、声音等多媒体，教师根据教学内容的特点和教学活动的需要，刻意隐藏关键信息，比如采用马赛克处理画面、音频技术处理声音、视频截取技术为视频留下悬疑等方式，激起学生的好奇心和探索欲。

（4）背景导入

利用微课视频媒体和音频媒体的功能，教师可以将与教学相关的背景材料制作成微课形式，展示给学生观看。微课能够通过画面、音乐等给学生学习搭建一个“支架”，有时课堂教学话题比较抽象，其相关背

---

① 袁磊．学科教学与信息技术应用（文科）［M］．长春：东北师范大学出版社，2015．

景也不直观，教师可借用微课，引用与教学内容相关的视频、广告等导入新课，激发学生的兴趣。

2. 新授内容环节

在课堂教学中，用生动形象的展示方式或讲解方式对课程内容的重点和难点加以讲解。教师将课程内容的重点和难点纳入微课的制作，对学生进行分层教学。而在传统的教学中，教学的重点几乎都是由教师直接讲授，这样一来，时间久了，学生难免会产生厌烦，而用微课的形式代替，形式新颖，可以在一定程度上提高学生的学习兴趣，便于他们完成知识的内化。同时，通过微课可以帮助学生攻破课堂上的难点，用丰富的表现形式与讲解方法搭建更加生动形象的教学场景，通过图文并茂，将无形化为有形，将抽象化为具体，能够让教学的难点可视化、形象化，极大地促进学生对教学重点、难点的理解与掌握。如在语文课文《鸿门宴》课堂学习中，仅仅靠文本文字，学生很难直观地掌握人物心理，理解人物复杂的心理活动，学习的困难较大。这时教师就可以利用微课，譬如说对《楚汉传奇》电影中项庄舞剑等历史场景进行剪辑，在学生对文本基础知识、背景及故事情节等都做了整体认识后进行播放，并辅以教师的讲解介绍，帮助学生理解。

由于学生的学习能力的不同，有的学生可能无法完全掌握课堂上的教学内容，完成好课堂任务。这时，微课就可以帮助这部分学生及时回顾相关知识点或者概念，从而帮助他们掌握还未掌握的知识，同时也能够减轻教师教学的重复性，这样一来，教师就有更多的时间对学生进行指导。例如，化学中溶解度这个概念对于学生思维有一定要求，可能会成为一些学生的难点问题，这时他们便可以利用课堂习题时间，通过观看溶解度的微课来对这个知识点进行再学习。

在新授内容这个环节中，可能会涉及实验的操作，传统教学中教师在课堂上做实验，学生在下面观看，由于距离或者前面学生的遮挡等原因，后排的学生可能会无法清楚地看到教师具体的操作步骤，从而忽略掉一些操作细节，这也会影响学生的学习效果。然而，如果在课堂教学中引入微课，那就可以有效避免这个问题。教师可以在需要实验操作的环节播放进行实验操作演示的微课，保证学生不错过实验的细节。

在新授内容环节应用微课时，要注意微视频必须着眼于该堂课的教学目标，围绕教学内容，具有教学性。同时，不能单一使用微课在课堂上进行教学，要将微课与传统课堂结合起来，两者相互补充，使微课发挥传统教学不可替代的作用，解决教学中的重难点问题。

3. 练习环节

教师将典型的习题录制成微课，学生观看有关练习的微课视频，微课中教师介绍解题的方法、思路，布置题目让学生思考并演练，等学生完成练习之后，再点击视频，继续播放，观看视频上对每道题目的讲解。利用微课视频进行习题讲解，能够减轻教师的授课负担。

以上是将微课嵌入课堂进行教学的常用的几种方式，在教学过程中，教师应该根据实际情况灵活运用。这种教学模式能够更好地实现分层教学，有效地提高课堂的教学效率，促进师生的交流沟通，同时培养学生自主学习的能力。

三、基于微课的课堂探究教学模式

基于微课的课堂探究教学模式，是指学生在教师的指导下，根据自身先前认知结构中的相关经验，通过体验、发现、探索、协作等方式主动获取知识、解决问题的一种教学模式①。它不仅着重培养学生的知识掌握能力，也能在问题解决过程中培养学生的思维能力和创新能力。基于微课的课堂探究教学模式的实施主要包括创设情境、启发思考、自主探究、协作交流和总结提高五个部分，基本环节如图 6-5 所示。

---

① 何克抗，吴娟. 信息技术与课程整合的教学模式研究之三：“探究性”教学模式［J］. 现代教育技术，2008（9）：5-10.

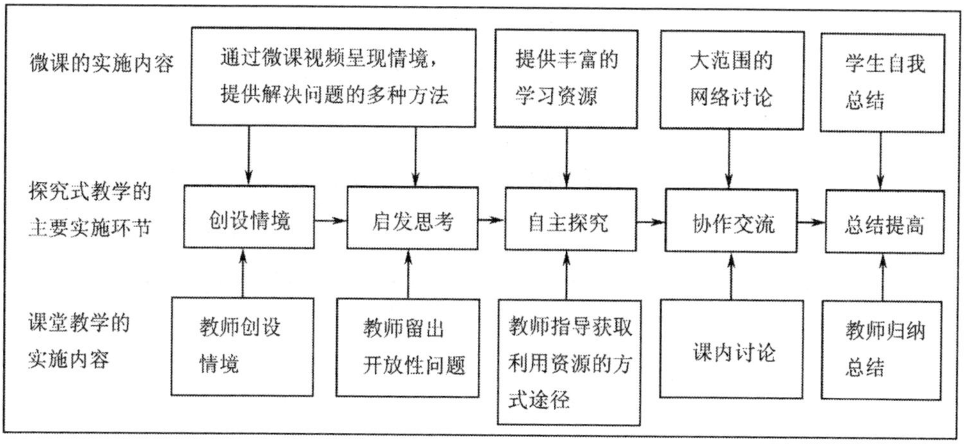

图 6-5 基于微课的课堂探究教学模式环节

1. 创设情境

创设情境主要由教师完成，教师需要利用学生熟悉的事物或事件，创设一个既与课程的教学内容相符合又贴近学生生活或实际应用背景的情境。教学中良好的情境设计不但能营造出一种真实体验的氛围，让学生如同身临其境，而且对学生完成新旧知识的联系和转化大有帮助，从而激发学生进行学习和探索的兴趣。

2. 启发思考

在明确学习对象的前提下，教师需要对复杂的知识内容进行分解，打包成难易适中又相互联系或层次递进的知识模块，并针对各个模块设计一些有针对性、启发性、开放性的问题，通过问题引导学生进行思考和探究，使学生在分析问题、解决问题的过程中建构知识、发展能力。

3. 自主探究

微课提供了丰富的学习资源。探究性教学模式因为采用“自主、探究、合作”的学习方式，所以在教学过程中特别强调学生的自主学习和自主探究，以及在此基础上实施的小组合作学习活动。一节课的教学目标主要依靠学生个人的自主探究加上学习小组的合作学习活动来完成，因此该环节成为探究性教学模式中的关键教学环节。

不同学科所使用的认知工具有所差异，微课在此环节中发挥了重要作用。在该环节中，根据教师所创设的情境和提出的问题，学生能够通过微课平台自主地查找、整理和利用各种资源，教师在学生的自主探究过程中提供指导和帮助，为学生创造有利于探索研究的学习环境。每个学生在自主探究过程中所获取的资源不完全相同，针对同一问题，他们可能会采用不同的解决方案，甚至得到不同的结论。

4. 协作交流

微课提供了大范围的网络讨论。本环节是与前面的自主探究环节紧密相连的。学生只有经过了认真的自主探究、积极思考后，才可能进入高质量的协作交流阶段。也就是说，协作交流一定要建立在自主探究的基础之上，才能为学生提供思路交流、观点碰撞、成果分享的平台。

在协作交流阶段，教师协助学生组建学习小组，小组成员间以及教师和学生间进行观点分享、讨论、合作。由于在自主探究环节中，每个学生获取的资源不同，得到的结论也有可能不同，在交流讨论的过程中自然就会产生很多的思想碰撞，从而更大程度地开拓学生的思维，这会进一步促进学生对知识的深入理解和对多种学习方法的掌握。在课内讨论中不能深入展开的问题，学生可以在课外通过微课平台将讨论延续下去，并能在更大的范围内与更多的人进行互动。

5. 总结提高

在最后阶段，教师针对学生提出的各种解决方案，引导学生进行回答和总结，对学习成果进行分析归纳，提炼知识的本质特征和内在联系，寻求解决问题的基本规律和方法。并且，教师可以引导学生联系生活实际，对当前所学的知识点进行深化、迁移与提高，应用知识点解决实际生活中的问题。

微课是一种以微视频为主的、整合多种教学资源的新型教学与学习模式，有着广阔的教育应用前景。微课与探究式课堂教学模式相结合，能使教学过程更好地贯彻探究式教学模式，最大限度地发挥其作用。

微课能更好地满足学生对不同学科知识点的个性化学习，按自己的需要选择性地学习，既可查漏补缺，又能巩固知识。特别是随着手持移动数码产品和无线网络的普及，基于微课的移动学习、远程学习、在线学习等将会越来越流行。微课是一种新型的学习方式，将微课融入课堂教学模式，为课堂教学带来更加丰富的形式，同时也能提高学生的思维能力，激发学生的学习兴趣，在良好的情境中学习，促进了学生认知结构的构建。

第三节　案例设计与解析

一、基于微课的翻转课堂案例设计

微课与翻转课堂推动了课堂教学改革的发展，而课堂教学改革的根本目的是培养学生的自主学习能力，为学生的个性化成长提供可能。因此，课堂教学应转变教师的教育观念和教学行为，让教适应学，让教辅助学，让教服务学；要改变以往过分关注教师教得好不好、练得多不多的现象，重构学生课内、课外的学习流程，强化学生的自主学习，增强学生思维的独立性和学习的自主性，促使学生在教师指导下主动地、富有个性地学习。

基于微课的翻转课堂教学模式中的“教”应注意三点：

（1）教的内容：应该是学生自学后还不能理解和掌握的地方。学生自学已掌握的，一律不教。

（2）教的要求：不就本论本、不就题讲题，而是以问题和习题为载体寻找出规律、探讨方法。

（3）教的方式：让学生先讲，如果学生讲对了，教师不再重复；讲得不完整的、达不到深度的，教师再补充；讲错的，教师要更正。

要改变以往课内听课外练的学习方式，将学生课内、课外学习时间进行重构，整体考虑，合理安排，将学生的整个学习过程分为以下几个步骤，如图 6-6 所示。

（1）预习导学：学生通过教师精心编制的学案导学及针对核心知识点、疑难点录制的微课进行自学，完成基础知识储备。教师要认真钻研教材，站在学生的角度，精心编制学案导学。导学要改变面面俱到、忽视学生思维水平的状况，应以问题为导向，启迪学生思维。

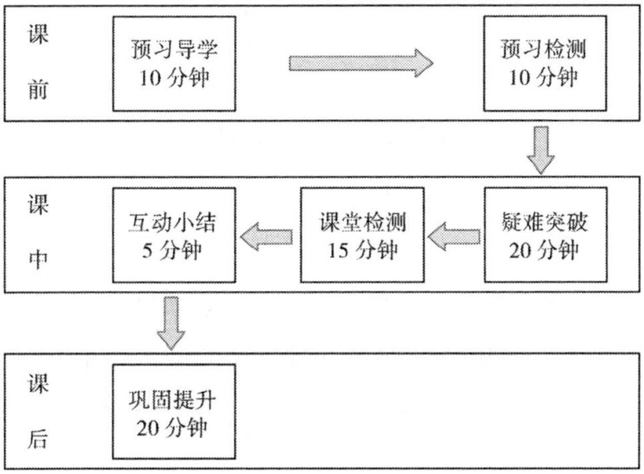

图 6-6 翻转教学建议流程图

（2）预习检测：主要检测教学内容中的核心知识点，以帮助学生检测学习成果，发现学习中的问题。检测题的难点应立足于学科学业水平测试要求，题量不能太多，以学生能在 10 分钟左右完成为宜，不出难题、怪题、偏题，保证大部分学生能认真独立地完成。

（3）疑难突破：学生通过预习导学、预习检测后，发现问题、提出问题，找出知识及方法上的问题及困惑，向同学、教师寻求解决方法。疑难突破是课内学习的核心步骤，可分为学生提问、小组讨论、展示交流、师生互动四个环节。教师应按照学科及教学内容特点适当调整，操作时应把握以下几个原则：

原则一：学生能独立解决的不问，学生能解决的教师不讲，通过点拨能解决的不讲。让学生通过合作探究突破难点，用变式训练拓展学生进行研究性学习的空间，把课堂变成学生展现自我的舞台。

原则二：对复杂的问题，教师要有效、合理地予以切分，降低学生的学习难度，引导学生进行思考。教师根据学生的实际对有分歧的地方予以点拨。

原则三：对交流讨论过程中的重要知识点及优秀的解题思路、方法等要及时强调和提出表扬，对暴露出来的问题要及时进行指导。对学生处理得比较好的习题，教师要及时进行转变和提升。

原则四：教师合理利用对小组的多元化评价（小组评价、组间评价）、教师评价等方式，表扬突出的小组及个人，形成良好的互助竞争氛围。教师随时对整个课堂进行调控，充分调动学生的积极性，让每个学生参与到教学活动中来。通过合理的评价，激发学生的学习热情和培养学生提问、质疑的习惯。

（4）课堂检测：精心选题，强化变式训练，促进学生知识的内化。检测题要尽量做到知识点的全覆盖，难度要求要比预习检测稍高。要善于将课本上的题目拓展、引申，围绕核心知识、主干知识选编补充习题。教师要尽可能使习题在课内得到解决。

（5）互动小结：激励学生自主归纳知识，形成知识网络。教师在学生总结归纳的基础上，进一步完善知识网络。总结时应注意两个方面：一是对知识的总结，二是对学习方法的总结。

（6）巩固提升：它是翻转课堂教学模式的课外延伸环节，主要是习题检测，检测题要根据学生实际情况分层设置。对学有余力的学生可布置一些有趣味性、挑战性、创新性的选做题。对解题有一定困难的学生，可酌情布置基础题、中档题。

二、微课的设计与分析

微课用于翻转课堂的教学模式能够满足学生的自主学习需求。学生可以按照“阅读学习任务单—观看微课视频—完成练习—课堂点播或探究—课堂反馈—形成评价”的流程，结合自身的情况调整学习进度，选择性地补充知识，养成良好的学习习惯，提升自主学习的能力。

1. 案例一　高中英语《主旨大意类题型解题技巧》

首先，在设计微课前我们需要进行前端分析。主旨大意类题型是高中英语阅读题中一类重要的题型，本节微课的主要学习对象为高中学生，他们有一定的英语阅读理解能力，但缺乏归纳总结能力。很多学生通过刷题来提高成绩，也就是所谓的题海战术，不能否认题海战术的确让很多孩子成绩有所提高，但是需要耗费大量的时间和精力来重复做大量的题目，这违背了我们素质教育的初衷。为了能够减轻学生负担，提高学生英语学习的兴趣，这节微课将直击学生英语阅读中的痛点——主旨大意类题型的解法。

其次，从微课教学内容和选题进行分析。语言学习的重点就是听说读写的能力，其中对“读”的要求在阅读题和知识应用题中大量体现，分值为 85 分，占据了高中英语考试的半壁江山。而现在课程标准对学生“读”的要求不再是认识所有单词并将其意思串起来那么简单，而是要通过阅读来对文章内容和中心思想进行理解和概括。主旨大意类题型在阅读理解中占比较大，几乎每个阅读大题中都有 1～2 个主旨大意类题。同时，学生只有对文章大意有深刻、准确的理解才能作答其他题目。这类题型是对学生理解和归纳总结能力的考查，因此主旨大意类题型是阅读题中的重点和难点。

通过以上的分析，设定本节微课的教学目标如下：

（1）知识与技能：

学会把握文章的重点词句，并从中把握语篇的内容、主旨，把握作者的观点、态度及意图等。

（2）过程与方法：

① 让学生掌握一定阅读理解题的解题技巧；

② 提高学生分析问题、解决问题和综合运用英语语言的能力。

（3）情感态度与价值观：

① 培养学生自主学习能力；

② 增强学生自信心，获得成就感。

为完成本节微课的教学目标，这节微课主要分为四个部分，分别是考查重点、技巧点拨、实战演练、技巧总结，属方法技能型微课，如图 6-7 所示。

考查重点 ⇨ 技巧点拨 ⇨ 实战演练 ⇨ 技巧总结

图 6-7 《主旨大意类题型解题技巧》微课结构

微课教学过程如表 6-1 所示。

表 6-1 《主旨大意类题型解题技巧》微课教学流程

教学环节	学生活动	教师活动	设计意图
课程导入	听老师讲	通过典型的高考题来引入本节微课	吸引学生注意，引起学生共鸣
考查重点	观看微课 思考问题	教师给出设问关键词，让学生了解主旨大意题的考查重点就是对段落大意、中心思想、文章标题等的考查，让学生明白出现以上关键词的题目，可能都是考查主旨大意类的题目	引出认知冲突，让学生了解主旨大意类题型包括了哪些具体的题目类型
技巧点拨	学生跟着教师的思路来学习和思考主旨大意类题型的解题技巧和方法	通过典型高考题的讲解和练习来提炼主旨大意类题型的解题方法和技巧： 1. 段落中出现转折时，该句很可能是主题句 2. 作者有意识地反复重复的观点通常是文章主旨 3. 首段出现疑问句时，对该问题的解答可能就是文章主旨 4. 提出文章主旨时常伴有的文字提示：therefore，thus，but，however，in short 等 	1. 通过例题讲解来点拨此类题型的解题技巧 2. 通过方法技能点拨，增强学生对方法的理解

续表

教学环节	学生活动	教师活动	设计意图
实战演练	1. 练习典型例题 2. 思考此类题型的解题步骤	通过典型高考题的讲解，引导学生掌握解题的具体步骤： 1. 阅读文章开头几句和最后几句，以便获得有关主题和中心思想的信息 2. 浏览文章的其余部分，寻找能支持和论证主题、中心思想的关键词 3. 仔细推敲各个选项，排除有明显错误或无关信息的选项，从而选出最佳答案	1. 讲授法直接告诉学生应该怎么做，教学效率较高 2. 此微课是针对这类题型的解题技巧和方法的。基础知识的学习学生更多在课堂上完成，而这类方法技巧类型微课，可以帮助学生通过课外自学来提升自己解题的准确度和做题速度
技巧总结	观看微课 自主总结	教师对本节微课主要内容进行总结	1. 强化学生对方法的理解和应用 2. 培养学生总结的习惯
课后练习	根据自身的掌握情况，完成课后练习	根据学生掌握的情况，布置分层作业	1. 讲授法直接告诉学生解题技巧，能提高其学习效率，但是也易造成学生遗忘，这就需要借助课后相应的练习来弥补此教学策略的缺陷 2. 通过分层练习，减轻学生学习的负担，提高班级的学习效率

本节微课的教学反思

《主旨大意类题型解题技巧》为解题技巧型微课，方法简单，所选例题有代表性，解题过程中方法技能渗透其中，在例题讲解过程中，思路清晰、逻辑性强，无科学性和知识性错误，正确使用各学科术语，讲解内容准确无误，符合高中学生的认知水平。在此例题讲解过程中，合理适当地引导学生思考，培养了学生思考和解决问题的能力，同时也增强了学生对解题技巧的应用迁移能力。内容结构完整，有课程导入、方法讲解、相关练习和方法总结。即便是短短的几分钟课程，也保证了结构和内容的完整。

学生可以根据自己的学习情况在师大微课平台对《主旨大意类题型解题技巧》微课进行评价，反馈自己的学习体验，或者对微课提出修改建议等，以便教师后期改进。学生可以从以下三个维度来评价微课的教学效果：(1) 是否掌握主旨大意类题型的基本解法；(2) 阅读理解能力是否提高；(3) 学习兴趣是否提高。

2. 案例二　高中数学《导数的几何意义》

《导数的几何意义》选自普通高中课程标准实验教科书人教 B 版选修 2-2 第一章《导数及其应用》，是在学生学习了函数的平均变化率、瞬时变化率的基础上，进一步从形和数的角度（即割线）入手，用形象直观的“逼近”思想重新定义曲线的切线，获得导数的几何意义。在本模块中，通过极限思想的渗透，让学生体会导数的思想及其丰富内涵，进一步感受导数在解决实际问题中的作用，并了解微积分的文化价值。

学生对于《导数的几何意义》的理解难点有两个：(1) 曲线的切线定义出现认知冲突——学生在初中以及高中的必修 2 中学习了直线与圆相切的定义（直线与圆有唯一公共点时，叫作直线与圆相切），而本节课中曲线的割线无限接近于一条确定位置的直线，叫作曲线的切线，学生对此知识点的理解存在难度；(2) 导数几何意义的得来运用了极限的“逼近”思想，此知识在导数的定义中有所渗透，但由于较抽象难懂，学生理解上存在困难。因此，采用了“优秀传承，资源共享”的模式（即上一届优秀毕业生通过制作微课解读此内容），通俗易懂，同时起到激励作用。教师邀请已经毕业的优秀毕业生根据自己在大学中学习到的“函数极限”录制微视频，供学生学习，如图 6-8 所示。

高考中，导数部分考查题型分为两类：“在点 P”的切线方程和“过点 P”的切线方程的求法。因此本节课的重点是理解并记住导数的几何意义，以及能利用导数的几何意义求在（过）曲线上一点的切线斜率及方程。

图 6-8 函数极限微课

通过以上的分析，设定本节微课的教学目标如下：

（1）知识与技能：

① 理解并记忆导数的几何意义，初步体会“以直代曲”的辩证思想；

② 掌握求解在（过）曲线上一点处的切线的斜率及方程的方法。

（2）过程与方法：

① 通过对曲线的切线定义和导数几何意义的探讨，培养学生观察、分析、比较、合作交流和归纳的能力；

② 通过对问题的探究，体会“逼近”、“以直代曲”思想和从已知探讨未知、从特殊到一般的数学思想方法。

（3）情感态度与价值观：

① 通过优秀毕业生的传承，增强学生的爱校情怀；

② 学生通过观察、交流、探索，培养合作精神和创新意识；

③ 通过对导数几何意义的应用的探索过程，增强学生的问题意识。

基于以上的分析，教师选用翻转课堂的教学模式进行教学，其核心是“先学后教”。它指学生在上课前完成对教师提供的学习资源的学习，师生在课堂上一起完成作业答疑、协作探究和互动交流等活动，并将微课应用于课前预习、课中分享、课后答疑，充分发挥微课的优势。课堂的基本流程如图 6-9 所示。

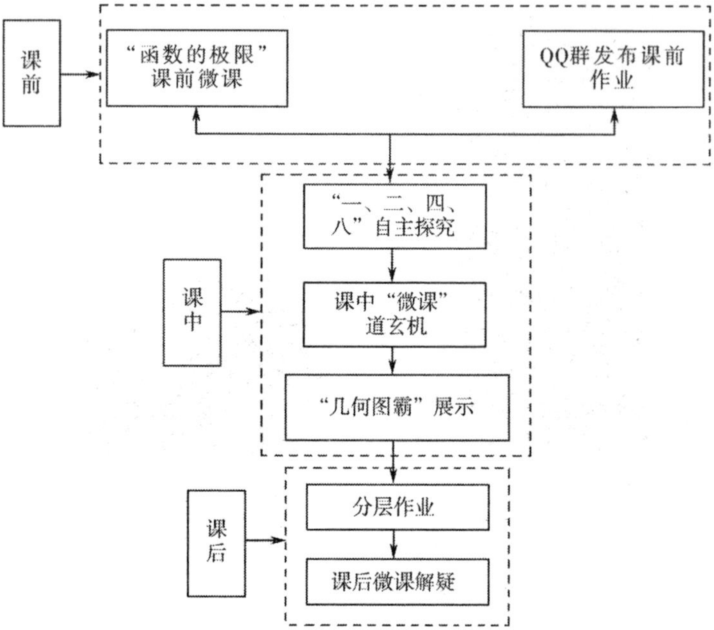

图 6-9　课堂流程

具体的教学流程如表 6-2 所示。

表 6-2　翻转课堂教学流程

教学环节	学生活动	教师活动	设计意图
课前	1. 学生课前观看优秀毕业生录制的“函数极限”微课视频 2. 学生独立完成课前作业	教师将优秀毕业生录制的“函数极限”微课视频发布到班级 QQ 群，并将课前作业上传至 QQ 群 	通过优秀毕业生的面对面授课，能拉近知识与学生之间的距离；先期激活知识环节，为上好本节课做好铺垫
任务驱动 兴趣调动	同桌之间相互交流 	多媒体展示三道问题，回顾旧知	引出认知冲突，让学生对曲线的切线有重新的审视

续表

教学环节	学生活动	教师活动	设计意图
观察探究 概念形成	学生提炼出导数的几何意义，多媒体给出导数几何意义的定义，学习四人小组交流探究 	教师展示动画效果，强调定义中的关键词 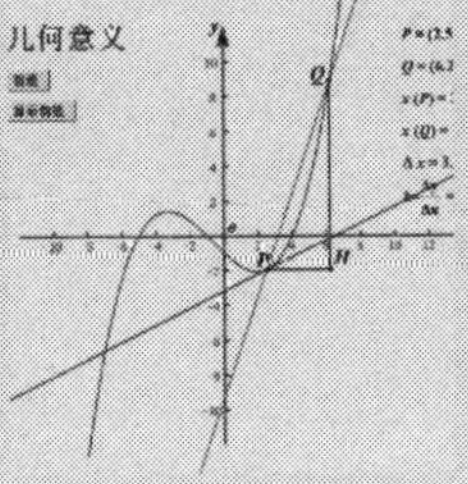	1. 通过观察动态演示，直观体会“以曲代直”的思想 2. 强调定义中的关键条件，增强学生对知识的理解 3. 小组合作交流，群策群力，得出知识考查点
合作探究 概念深化	学生以命题专家的身份，猜想本部分的相关题型	要求学生自主命题。给学生展示优秀毕业生对本部分内容的理解以及题型设置的视频 	通过优秀毕业生的经验介绍，增强学生对本部分内容的理解
善思感悟 概念应用 （一）	学生投影展示解题思路和应注意的细节	教师设置相应例题并进行讲解	强化对导数几何意义的理解，注重提炼数学方法
合作交流 概念应用 （二）	小组合作交流讨论三种解法，并解决教师提出的问题 	指导学生给出第 2 题的三种解法，哪一种解法是错误的，为什么？请给予说明	由“在点 P”变式为“过点 P”，即通过题型变式增强学生问题应用意识

续表

教学环节	学生活动	教师活动	设计意图
回扣引入 前呼后应	学生运用本节课知识解决课前问题	回到课题引入，解决问题	培养学生应用意识
练习环节	做练习	展示训练题	夯实所学内容
课堂总结	同桌交流收获，并阐述心得	教师带领学生一起总结	提炼知识点及题型上的收获，培养学生总结归纳的能力
当堂落实 微课解惑	学生当堂作答，自我检测，如有不懂，可问教师或同学。对于第 2 题，可观看微课视频	教师展示两道练习题，并以“微课凝视”的方式讲解第 2 题	微课释疑，帮助学生理解难点，可供学生随时查看
作业布置	1. A类基础题：全体学生必做 2. B类能力题：共享至班级 QQ 群 3. C类挑战题：有能力的同学研析近五年山东省高考对此内容的命题趋势，形成小论文，发至班级 QQ 群	展示作业任务，分层作业，全面提升	体现分层次教学的特点

本节微课的教学反思

该案例属于基于微课的翻转课堂教学模式，将微课应用于课前预习、课中分享、课后答疑，充分地发挥了微课的优势。本节课为了培养学生自主学习的能力以及使不同层次的学生都能获得相应的满足感，采用了“一、二、四、八”自主探究形式，即“一个代表思维展示、两个同桌交流收获、四人合作思维碰撞、八人大组智慧纠错”，提高了学生的团结协作意识以及动手能力。并且为了给学生的数学探究与数学思维提供支持，依据该课的特点采用“几何图霸”动态演示曲线的切线变化，形象直观，以突出重点和难点。

3. 案例三　高中物理《全反射的应用——球体模型》

本案例涉及的知识内容是在人教版高中物理选修 3-4 第十三章第二节《全反射》的基础上设计的。光的全反射是学生在已经学习了光的反射和折射定律的基础上进一步研究的一种重要的光学现象。光的全反射在日常生活和科学研究方面都有广泛的应用，是体现“从生活走向物理，从物理走向社会”的课程理念、突出科学探究过程教育、体现时代性的极好素材。本节微课的设计特点是将科学知识与生活现象结合，给学生呈现一个物理与生活相互融合的学习情境，让学生通过微课的学习弥补传统课堂的不足，学会将理论知识运用于日常生活之中，从而产生对物理学习的兴趣，形成学好物理、服务社会的价值追求。

通过以上的分析，设定本节微课的教学目标是：

（1）知识与技能：

① 明确光的反射、折射、全反射的规律；

② 学会分析球体模型中的全反射现象；

③ 学会运用光的全反射知识解释球体模型的应用。

（2）过程与方法：

① 通过抛锚式教学，由生活实例引出课题；

② 通过对光的反射定律的分析，培养学生的逻辑思维能力；

③ 通过对光的反射现象的解释，培养学生运用物理知识解决实际问题的能力；

④ 通过对光路图的应用，逐渐培养学生空间想象能力和抽象思维能力。

（3）情感态度与价值观：

① 通过生动有趣的光学现象调动学生学习兴趣，培养学生积极向上的情感；

② 学生能判定是否发生全反射，并能解决有关问题；

③ 密切联系实际，提高学生将科学技术应用于日常生活和社会的意识。

基于以上分析，本节微课主要采用了支架式教学模式和抛锚式教学模式，其主要的教学策略有联系生活教学策略和探究发现策略。通过联系生活教学策略将生活事件与物理学的知识融合在一起，吸引学生注意力，提高学生学习兴趣；通过探究发现策略使学生根据球体模型中全反射光路的探究分析，了解光的全反射知识在生活中是如何应用的，实现学生知识与技能的全面发展。教学的基本流程如图 6-10 所示。

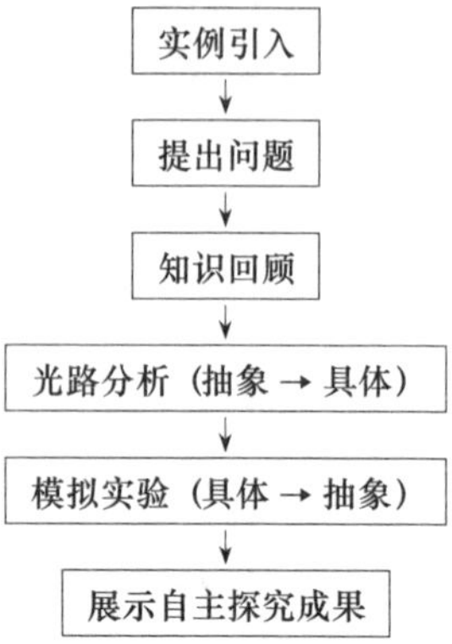

图 6-10　教学流程

具体教学流程如表 6-3 所示。

表 6-3　具体教学流程

教学环节	学生活动	教师活动	设计意图
实例引入	观看视频	播放视频 	生活实例引入，吸引学生注意力
提出问题	思考问题	道路上这些一闪一闪的发光体究竟是什么呢？为了研究这一光学现象，我们先来复习前两节的内容	在实例引入时，附加问题，激发学生探究学习的热情
知识回顾	1. 观看微课 2. 思考问题	我们来看看××同学在微课平台上提交的关于光的反射、折射和全反射基本知识的总结，××知识梳理得非常到位，我也批阅了其他同学的解答，同学们回答得都不错	对学生的自主学习结果进行评价，有利于培养学生自主学习的能力

续表

教学环节	学生活动	教师活动	设计意图
光路分析	1. 思考问题 2. 分析光路	针对刚才所观看的视频，本节微课我们重点探究全反射在球体模型中的应用 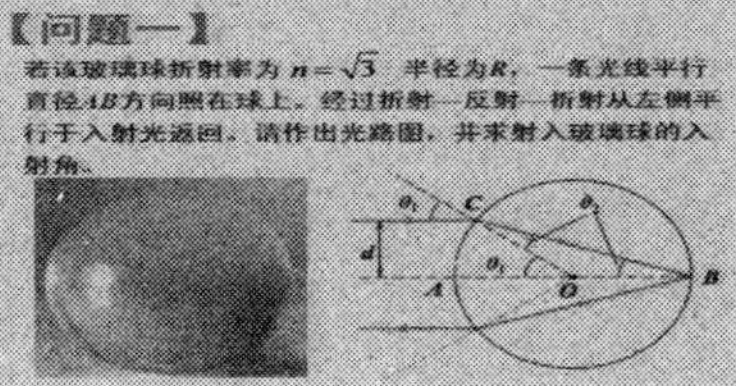 	学生对光的全反射的认识本来是抽象的，这里用光路图对球体模型的全反射现象进行分析讲解，让学生的思维由抽象转为具体
模拟实验	1. 模拟实验 2. 分析光路	经过了光路图的分析，接下来我们利用物理沙盒软件进行球体模型全反射的模拟实验 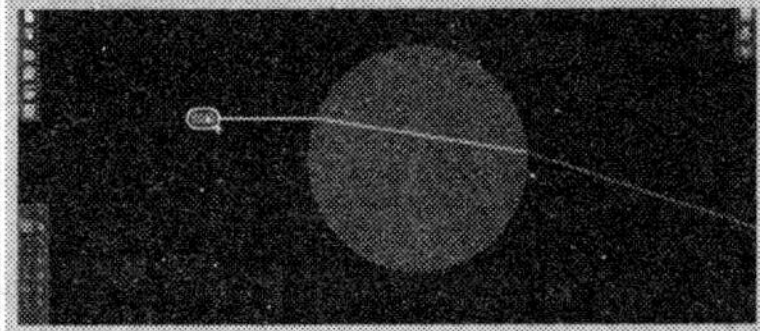	模拟实验现象明显、直观、简单 、可靠、富有启发性，让学生的思维由具体又变为形象，培养了学生的联想能力以及模拟意识，提高了学生自主实验探究的能力
展示自主探究成果	1. 观看探究成果 2. 思考分析	在上节微课的课后论坛中，有同学上传了自己对生活中球体模型全反射现象的探究成果，我们一起来分析分析 	在学生掌握全反射基本知识的前提下，对全反射的应用进行详细的作图分析。学生在教师的讲解下，能更好地运用全反射的知识解释相关问题

续表

教学环节	学生活动	教师活动	设计意图
课堂总结 作业布置	自主探究	本节微课主要介绍了全反射在球体模型中的应用，你如果发现生活中有更好的全反射的应用，请将它拍成小视频或者微课上传到师大微课平台进行分享。另外，在后续的微课中教师将继续介绍全反射在光导纤维玻璃砖模型、棱镜模型中的应用	教师主导，学生主体，将物理融入生活，自主探究生活中的全反射应用，并拍成微课进行分享 教师把握了微课短小精悍的特点，一个微课只安排一个问题的讲解，但在微课结束时注意提醒学生观看后续微课的内容

本节微课的教学反思

本节微课在内容上是完整的，有课程引入、分析讲解、模拟实验、相关拓展，最后有提升性作业或者活动。虽然时间较短，但整节微课的设计保证了课程结构和内容的完整性。

在结构设计上，首先对生活中拍摄的现象进行提问引入，吸引学习者的注意，让学生带着问题进行学习。接着对球体模型的全反射现象进行光路分析，让学生对光的认识从抽象变得具体。然后通过物理沙盒软件模拟球体模型的全反射现象，让学生思维经历抽象—具体—形象的转换过程。最后展示学生在微课上提交的关于生活中光的全反射的应用成果，激励学生养成自主探究的能力，实现情感价值目标。

当学生学习完《全反射的应用——球体模型》后，可以通过微课平台的微课配套练习进行巩固学习，还可以在微课互动讨论区进行相互交流讨论或上传分享成果。这不仅可以诊断学生的微课学习效果，还可以让学生通过交流讨论、分享学习，更深入地掌握光的全反射的应用，提升自己发现问题、探究问题的能力。

第七章

学科综合案例分析

第一节　英语教学案例

一、感知案例

本案例的授课内容为人教版英语新目标九年级第六单元 Section A (3a-3c) 部分。该公开课获得 2016 年全国新技术支持下的个性化学习应用成果展示活动一等奖①。

1. 教学内容分析

Unit 6 以 the history of inventions 为主要话题，要求学习含有一般过去时态的被动语态等语言知识，理解并运用主动、被动两种语态描述生活中一些发明的历史由来和背后的故事，培养学生的科学精神和探究、创新意识。

Section A 围绕目标呈现目标语言，开展听说阅读的学习，展开基本技能的习得，重点放在知识的输入，体现基础性。An accidental invention 是 Section A 的阅读学习部分。

Section B 则围绕单元话题，拓展内容的广度和深度，重在读写技能的习得，体现综合性。

本课教学内容为 Section A 的阅读部分。文章以 An accidental invention 为题，介绍了茶的历史以及茶叶在全世界的传播。文章在讲述茶文化的同时，增强学生对母语文化的认同感和自豪感。

本文层次分明，其阅读技能目标是训练学生把握文章段落主旨的能力；文章简洁短小，多用被动句，语言知识不多，且生动易懂，因此本文非常适合学生自学。同时，它又是一个很好的训练学生阅读策略的素

---

① 案例来自武汉市七一中学刘海峰老师的英语课。

材，所以，本课的课型为阅读（学习）策略训练课。

2. 学情分析

本单元涉及的话题都与学生的生活息息相关，都是每天可以见到用到的物品，学生乐于了解这些物品背后的历史。

经过对 Unit 6 主题相关材料的学习之后，学生已经初步熟悉并比较熟练地掌握了被动语态、单元的目标语言结构和表意功能，为本课学习策略的学习打下了基础。

3. 教学目标

本课的学习分为课前自主学习和课中探究学习两个阶段，其总目标是：学生在完成自主学习的基础上，通过课堂学习，能够使用思维导图（mind map）工具提炼文本主题，梳理文本内容，形成一定的英语思维。

分类学习的目标如表 7-1 所示。

表 7-1　分类学习的目标

目标描述	目标分类：记忆	目标分类：理解	目标分类：应用
语言知识（Language Knowledge） 1. 能够理解文章意思，懂得被动句的表意及功能 2. 理解下面的词汇、词块和句式，可以造句：remain，pleasure，invent，smell，take place，without doubt，It is said (believed，known) that...	√	√	
语言技能（Language Skills） 通过阅读抓住段落和文章的 topic，能够归纳段落的 main idea		√	√
学习策略（Learning Strategies）（课堂学习的重点） 1. 能够使用思维导图工具提炼文本主题，梳理文本内容，形成一定的英语思维（重点） 2. 在网络环境中开展自适应学习：利用 wikipedia、Xmind、mind-map editor、有道词典等在线工具，通过小组同学分工合作，整理信息并完成思维导图的制作 3. 自主、个性化的学习：课前利用武汉市教育云的班级空间平台自主完成教材的学习		√	√

续表

目标描述	目标分类
学习情感（Attitudes to Learning） 乐于探索生活中各种发明背后的故事，体验发现的乐趣，感受思索、探究和实践的科学精神；积极合作，乐于表达	记忆 | 理解 | 应用 | √ |
文化意识（Cultural Awareness ） 理解中西方茶文化及其历史，增强对母语文化的自豪感	记忆 | 理解 | 应用 | √ |

4．教学重难点

（1）重点：理解思维导图（mind map）的功能，掌握制作的方法，利用在线工具完成相关主题的思维导图。

（2）难点：在阅读材料中确定主题，理解信息之间的关联，理顺各类信息的逻辑关系。

5．课时

1个课时。

6．教学环境

此次教学在华中师范大学国家数字化学习工程技术研究中心研发的未来教室中实施，教室详细环境如下：

（1）硬件环境：教师端：交互式电子白板（双电子白板）；学生端：交互 Pad、小组屏。

（2）软件环境：starC 云端一体化学习平台、武汉市教育资源公共服务平台、维基百科、有道词典和在线思维导图制作 APP，等等。

（3）是否为网络环境：是。

7．教学过程

表 7-2　教学过程展示

课前环节			
教师活动			
准备内容	准备步骤	技术应用	设计意图
1. 准备微视频和配套习题	1. 制作教学微视频 3 个，即《How to get the main idea》《知识点讲解》《了解思维导图》 2. 编制《自主学习任务单》以及配套的训练（含主观题） 3. 将资源上传到武汉市教育云的班级空间和学习分析系统，建立链接	1. 武汉教育云资源公共服务平台 2. 学习分析系统	本课的语言知识和阅读基础技能均放在课前学习，依托教育云的班级空间平台、starC 学习分析平台和《自主学习任务单》，培养学生自主学习的能力，即自主管理、自主获取资源、自我矫正学习行为（元认知）等
2. 布置任务	布置课前学习任务，检查学生学习完成情况，用学习分析系统分析数据，搜集学生学习中的问题	学习分析系统	利用学习分析系统进行数据分析，发现问题，做到教学有的放矢
3. 确定分组名单	根据学生风格和学习分析系统测试数据将学生进行同质分组		为开展小组合作探究做好准备

续表

学生活动			
学习任务	任务步骤	技术应用	设计意图
1. 学习思维导图的画法，并根据教师提供的英文短文绘制思维导图	观看教师上传的微视频《How to get the main idea》《了解思维导图》，了解思维导图的画法，自己尝试用思维导图画出短文的脉络，并拍照上传至学习分析系统	1. 武汉教育云资源公共服务平台 2. 网络资源 3. 学习分析系统	学生在课前通过观看视频，以及尝试绘制思维导图，为课中的更深层次运用思维导图进行阅读做了适当准备
2. 复习知识点	观看微视频《知识点讲解》，复习知识要点，完成学习分析系统中“一般过去时的被动语态”相关练习题	1. 武汉教育云资源公共服务平台 2. 学习分析系统	知识性的学习内容放在课前完成，有助于为学生在阅读中扫清单词和语法障碍，帮助学生更多地去关注阅读技巧的提升和阅读策略的灵活运用

课中环节				
教学环节	教学活动设计		技术应用	设计意图
	教师活动	学生活动		
猜词导入	呈现“covered picture”，进行猜词游戏	猜测屏幕上“covered picture”的单词	双轨展示：一边呈现PPT课件的猜词页，一边调出电子白板，供教师板书 	通过猜词，导入核心话题“invention”和学习目标

续表

课中环节				
教学环节	教学活动设计		技术应用	设计意图
	教师活动	学生活动		
难点解惑	呈现学生在课前练习的分析报告，讲解错题，并推送知识点相同的题目给学生进行造句练习	听教师讲解，并在教师指导下完成造句练习	1. 学习分析系统 2. starC 交互工具（推送习题至学生端）和随手写 	通过学习分析系统的统计数据，聚焦学生在自学中存在的问题，当堂给予辅导，并进行现场测评
图例展示	以两位同学在课前制作的思维导图作为示例，点评优缺点，总结制作思维导图的步骤和要点	对比两张思维导图，提取教师总结的方法和要点	双轨展示，同时展示两张思维导图	点评学生作业，归纳绘制思维导图的原理和画法，并予展示
小组作图	布置任务： 1. 画出给定短文的思维导图 2. 画出给定话题的思维导图	小组合作，选择任务，利用网络资源（维基百科）、思维导图工具（Xmind）画出给定短文/话题的思维导图	1. starC 交互工具 2. 维基百科 3. Xmind 	学生根据自身能力选择感兴趣的“研究对象”，借助网络资源和工具开展探究学习
成果汇报	展示并点评学生所做的思维导图	小组选派代表根据思维导图，汇报“探究内容”	双轨展示 	通过成果分享和汇报，为学生提供口语锻炼的机会，完成语言学习的“输入—输出”过程

二、教学设计分析

1. 设计理念

在教学中依循翻转课堂（flipped class）的理念与做法，贯彻“以学为主，先学后辅，自主学习”的原则。拟定自主学习任务单，引导学生在课前完成教材主体内容的学习，包括阅读技能以及语言知识的学习，并辅以相应的训练。学生在教育云的班级空间中获得学习资源，开展课前学习；在网上完成训练后将结果上传到 starC 学习分析平台；教师可以在课堂教学前获得学习的结果分析，找出学生学习的问题和难点，在课堂上加以辅导和讲解。

在课堂教学中采用小组合作学习的方式，给出 A、B 两种难度的任务让学生选择。学生根据自己的基础和兴趣选择，然后小组分工合作，用维基百科平台搜集信息，通过网络寻找关于发明的材料，阅读或了解它的历史，下载编辑，利用在线思维导图等软件制作主题的思维导图，最后展示并报告学习的成果。

2. 教学过程分析

本堂课共分五个环节：猜词导入、难点解惑、图例展示、小组作图、成果汇报。其中“小组作图”是核心环节。在此环节中，教师布置了两个任务：A. 画出给定短文的思维导图；B. 画出给定话题的思维导

图 7-1　课堂环节

图，如图 7-1 所示。这样，既在任务难度上做了区分（任务 B 难于任务 A），也让学生有一定的选择自由度（不仅可以根据自身学习情况选定任务，还可以在任务 B 中的多个话题中选择自己感兴趣的），激发学生的学习兴趣，达到分层学习的目的。

在作图过程中，学生在组内通过分工合作，利用网络资源和思维导图工具等，共同主动完成对“研究对象”的知识建构。同时，思维导图既作为一种思维工具，又作为知识关联的表征工具，能很好地促进学生的有意义学习，为后一环节的口头汇报做了较为充分的准备。

3. 技术融合分析

表 7-3　技术融合分析

技术功能	技术应用分析	教学作用
双轨展示	“图例展示”中呈现不同思维导图图例的对比	利于学生进行对比和分析
	“猜词导入”环节用电子白板配合 PPT，将图形和文字对照关联	方便学生参照和关联学习，利于学习和理解
在线搜索	“小组作图”环节按照“任务驱动”教学模式，学生以小组为单位在线搜索话题内容	锻炼学生自主学习和合作学习能力
随手写	“难点解惑”环节用“随手写”板书知识要点	板书知识要点，注重课堂知识点即时生成
学习分析系统	课前检测，课中通过诊断报告分析重难点	利用学习分析系统进行数据分析，发现问题，做到教学有的放矢
思维导图工具	“图例展示”中归纳如何利用思维导图整理文章脉络和搜索信息，并在后面“小组作图”中让学生进行尝试探索	作为学习策略和知识表征工具，促进学生有意义学习
互动反馈	在“难点解惑”和“小组作图”中借助交互工具实时接收和展示学生答题情况，并反馈信息	促进小组内合作探究，方便教师及时掌握学生学习情况，随时调整教学进度，并及时点评和答疑

第二节　数学教学案例

一、感知案例

本案例的授课内容为苏科版 2011 新课标数学七年级下册《多边形的外角和》第二课时①，该课曾获得教育部“一师一优课，一课一名师”一等奖。

1. 教学内容分析

从教材的编排上，本节课从三角形的内角和过渡到四边形的内角和、多边形的内角和，环环相扣，对今后学习多边形的镶嵌、正多边形和圆形等都是非常重要的，知识的联系性比较强。因此，本节课具有承上启下的作用，符合学生的认知规律。从教学理念看，教师带领学生从简单的几何图形入手，蕴含了把复杂问题转化为简单问题、化未知为已知的思想，充分体现了“人人学有价值的数学”这一新课程标准精神。

2. 学情分析

基于七年级上册的平面图形的认识（一）、平行线的性质与判定，以及三角形与多边形的内角和定理的有关知识的学习，学生已初步感知了几何学习的一般思路，对简单几何图形有了初步的直观感知，感悟了几何学习过程中常用的数学思想方法。

本节课借助数学实验，使学生在探究、发现的过程中，体会“变中的不变”规律。数学实验引入课堂后，同学们认识到数学实验也是一种

---

① 案例来自苏州市草桥中学丁银杰老师的数学课。

有效的学习方式，可以在实验中探究新知，经历知识的形成过程，体悟蕴含于其中的数学思想方法。基于此，本课内容基于几何画板设计，运用三个实验活动帮助学生掌握多边形的外角和定理。且初一年级的学生天性爱动手，喜表达，本课采用小组合作的学习方式进行课堂学习，每组有一个电脑终端，便于学生开展实验探究。

3. 教学目标

知识与技能：

（1）探索三角形 3 个内角之间的关系；

（2）掌握多边形的内角和与外角和的公式。

过程与方法：

（1）引导学生自主探究多边形内角和公式、外角和公式，培养学生探究能力；

（2）通过由特殊的三角形、四边形到多边形的验证过程，使学生体会数学的转化思想；

（3）经历观察、操作、归纳、说理、交流等活动，发展学生的空间观和表达能力。

情感态度与价值观：

在自主探究、合作交流的过程中，感受数学实验的重要意义，提高学生的学习兴趣和合作意识。

4. 教学重难点

（1）重点：多边形内角和公式的探索以及运用公式进行有关计算。

（2）难点：如何引导学生参与到探索多边形内角和公式的过程；探索多边形内角和时，如何把多边形转化成三角形。

5. 课时

1 个课时。

6. 教学环境

此次教学在华中师范大学国家数字化学习工程技术研究中心研发的未来教室中实施，教室详细环境如下：

（1）硬件环境：教师端：交互式电子白板（双电子白板）；学生端：交互 Pad、小组屏。

（2）软件环境：starC 云端一体化学习平台、几何画板软件等。

（3）是否为网络环境：是。

7. 教学过程

表 7-4　教学过程展示

<table>
<tr><th colspan="5">课中环节</th></tr>
<tr><th rowspan="2">教学环节</th><th colspan="2">教学活动设计</th><th rowspan="2">技术应用</th><th rowspan="2">设计意图</th></tr>
<tr><th>教师活动</th><th>学生活动</th></tr>
<tr><td>知识回顾</td><td>引导学生回顾三角形的内角和与多边形的内角和相关知识</td><td>在教师的指导下，回顾三角形的内角和与多边形的内角和知识</td><td>PPT 课件展示</td><td>回顾三角形的内角和和多边形的内角和的有关知识，感悟其中蕴含的思想方法</td></tr>
<tr><td rowspan="2">新知探索</td><td>介绍多边形的外角与外角和的相关概念</td><td>学生对比内角和与外角和的概念</td><td>PPT 课件展示</td><td>通过对比内角和与外角和的概念，使学生印象更加深刻</td></tr>
<tr><td>教师带领学生进入“活动 1：度量与猜想”环节，指导学生以小组为单位运用几何画板求出三角形、四边形和五边形的各个外角，并求出它们的外角和</td><td>学生以小组为单位，在小组侧屏上的几何画板上求出三角形、四边形和五边形的外角和，根据操作猜想“多边形的外角和等于 360°”</td><td>互评反馈教学：教师将问题发送至学生端，学生以小组为单位进行合作学习，教师进行指导和总结
</td><td>首先让学生运用几何画板验证度量和剪拼方法，亲手操作度量，寻求结论，增强感性认知，培养动手能力
再通过分组讨论，增强学生的竞争意识和合作意识</td></tr>
</table>

续表

教学环节	教学活动设计		技术应用	设计意图
	教师活动	学生活动		
新知探索	在“活动 2：拼图与验证”环节，教师指导学生在几何画板上进行拼图操作，并在学生操作结束后进行总结	学生在几何画板中拖动三角形的三个外角，将其拼在一起；然后再分别对四边形、五边形进行同样的操作，验证活动 1 的猜想	几何画板 	通过几何画板展示，更加直观，使得学生印象深刻
	在“活动 3：转笔与说理”环节，教师在几何画板上演示转笔过程，引导学生找出哪些角与△ABC 的外角相等	1. 学生在几何画板上找到哪些角与△ABC 的外角相等，并得到三角形的外角和等于多少 2. 学生分组讨论，以同样的方法在几何画板中探索四边形和五边形的外角和	双轨展示：双轨分别展示课件与几何画板，方便学生关联  随手写：学生可以在屏幕上进行画图、标记等操作	通过教师演示，学生动手操作，使学生对得到的结论印象更加深刻
	在“活动 4：转化与证明”环节，让学生以小组的形式进行证明，并给予指导，教师带领学生证明“n 边形的外角和等于 360°”，并验证活动 1 的猜想	学生分组讨论“n 边形的外角和等于 360°”的证明方法，各组选出代表进行回答	 随手写：学生可以在屏幕上进行画图、标记等操作	通过探究，验证了活动 1 的猜想，以问题为驱动，激发学生的好奇心，在此过程中渗透转化的数学思想

续表

教学环节	教学活动设计		技术应用	设计意图
	教师活动	学生活动		
例题讲解	教师在课件上展示两个例题， 例 1：采用让学生抢答的方式进行回答 例 2：将例题发送至学生端，采用小组讨论的方式进行作答	例 1：学生独立思考进行 例 2：学生进行小组讨论，并选出代表在侧屏上展示小组成果	教师将问题发送到学生端，学生以小组为单位合作讨论，并选出代表在侧屏上展示小组成果 	将学习的新知识及时地学以致用，使学生对于知识的掌握更加牢固。例 2 中的变式练习，可以达到提升的效果
课堂延伸	教师引导学生进行以下三方面的总结： 1. 知识回顾 2. 方法提炼 3. 思想感悟	学生跟老师一起对本节课进行回顾总结	PPT 动画展示 	及时的总结回顾，有利于学生对知识掌握更加牢固

二、教学设计分析

1. 设计理念

在多边形外角和的教学中，教师一般是借助内角和公式进行证明，学生如果不经历探究、发现的过程，很难深刻体会“变中的不变”规律。因此根据本节课的教学目标、教材内容以及学生的认知特点，教师采用启发式、探索式教学方法，意在帮助学生通过观察，自己动手在几何画板中操作探索，在实践的过程中发现、归纳、总结多边形外角和的不变性规律。整个探究学习的过程充满了师生之间、学生之间的交流和互动，体现了教师是教学活动的组织者、引导者，而学生才是学习的主体。在教学过程中，教师采用小组合作的教学模式进行授课，通过合作学习，能充分利用教师和学生之间、学生和学生之间的相互协作，取他人之长补己之短。另外，小组合作学习可以增强学生之间的团队合作精神。

2. 教学过程分析

本堂课一共分为四个环节：知识回顾、新知探索、例题讲解、课堂延伸。其中“新知探索”是本课程的核心环节。在此环节中又分为 4 个活动：度量与猜想、拼图与验证、转笔与说理、转化与证明。从第一个活动中的猜想，逐步通过数学实验操作来探究验证，在此过程中，学生以小组为单位讨论探究、教师步步引导，最终得到定理。学生学习了新知识后能够及时应用，可以使学生对知识的掌握更加牢固。教师在“例题讲解”的过程中，将题目发送至学生端，学生以小组形式讨论，并由

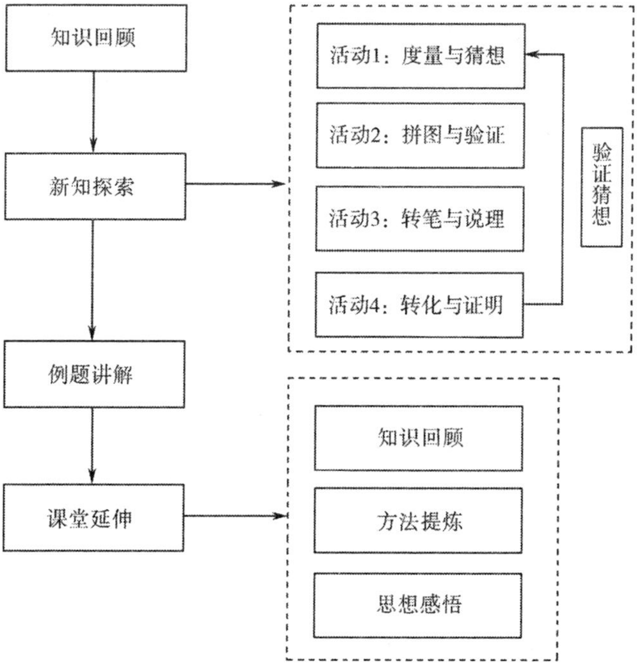

图 7-2 课堂环节

小组代表在侧屏上进行小组成果展示。在“课堂延伸”环节，教师带领学生对知识、方法进行回顾，及时巩固有助于学生更好地掌握知识。

3. 技术融合分析

表 7-5　技术融合分析

技术功能	技术应用分析	教学作用
双轨展示	课件与几何画板关联展示	双轨展示方便学生参照和关联学习，方便学生进行对比和分析，有利于学生理解新知识
几何画板展示	教师用几何画板展示多边形的外角和规律，学生动手操作，使学生对得到的结论印象更加深刻	1. 几何画板展示更加直观，使学生印象深刻 2. 锻炼学生的自主学习能力和动手能力
互动反馈	小组合作学习（在活动 2 中，学生以小组为单位在侧屏上进行拼图，并验证猜想）	1. 充分利用教师和学生之间、学生和学生之间的相互协作，取他人之长补己之短 2. 小组合作学习可以培养学生的团队合作精神

第三节 物理教学案例

一、感知案例

本案例的授课内容为人教版物理《汽车里的电学知识》，该公开课获得2016年全国新技术支持下的个性化学习应用成果展示活动一等奖①。

1. 教学内容分析

该案例是在人教版初中物理电学知识的基础上设计的。电学知识是初中物理的重难点，它在日常生活和科学研究方面都有广泛的应用，是体现“从生活走向物理，从物理走向社会”的课程理念、突出科学探究过程教育、体现时代性的极好素材。而本节课程的设计特点是将科学技术知识与生活现象结合，给学生呈现一个物理与生活相互融合的学习情境，让学生学会将理论知识运用于日常生活之中，从而产生学习物理的愿望，形成学好物理服务社会的价值追求。

2. 学情分析

初中学生认识事物的特点是从具体形象思维向抽象逻辑思维过渡，思维活动还需要与感性经验直接相联系，仍需具体形象的物体来支持，对此，教师在教学中应予重视。初中生的认识是肤浅的、不完整的，没有上升到理性认识，没有形成科学的体系，需要教师的帮助。

虽然电对人们而言并不陌生，但它却让人感到神秘。电路的连接是电学实验中必须具备的基本技能，但初中生还没有真正地组装过电路；

① 案例来自武汉市七一中学付纪东老师的物理课。

电路图看似简单，但比较抽象，这都给教学带来一定的困难。可以通过连接电路的操作性练习来认识电路，可以通过其他间接手段来认识电流，并设定情境让学生在“练”的过程中学会“悟”。

3. 教学目标

知识与技能：

（1）通过探究常见汽车安全防护电路，复习电路的设计和识别；

（2）通过探究汽车油量表的原理，了解欧姆定律的应用。

过程与方法：

（1）在教师的引领下，经历探究常见汽车电路原理的过程；

（2）通过汽车常见电路的探究，掌握从实际应用中建立物理模型的方法。

情感态度与价值观：

（1）通过对日渐进入家庭的小汽车的初步了解，学生能够提高安全驾乘意识；

（2）通过对生活中物理知识应用的了解，学生可以感受科学和社会的紧密联系，激发其学习科学知识的热情。

4. 教学重难点

（1）汽车安全防护原理电路的探究设计；

（2）汽车油量表的原理及改进。

5. 课时

1 个课时。

6. 教学环境

此次教学在华中师范大学国家数字化学习工程技术研究中心研发的未来教室中实施，教室详细环境如下：

（1）硬件环境：教师端：交互式电子白板（双电子白板）；学生端：

交互 Pad、小组屏。

（2）软件环境：starC 云端一体化学习平台，第三方学习软件（NOBOOK 虚拟实验室）。

（3）是否为网络环境：是。

7. 教学过程

表 7-6　教学过程展示

课前环节			
教师活动			
准备内容	准备步骤	技术应用	设计意图
1. 准备课件和配套习题，安装软件	1. 准备课件和随堂测试的练习题目 2. 在小组屏上安装 NOBOOK 虚拟实验室	1. 网络资源 2. NOBOOK 虚拟实验室	教师利用物理学科的虚拟实验软件，帮助学生形象地理解知识
2. 确定分组名单	教师根据学生平时测试数据，将学生进行同质分组		结合教师之前对学生的了解和日常测试数据，方便教师快捷掌握学生情况，为分组教学提供数据支持
学生活动			
学习任务	任务步骤	技术应用	设计意图
1. 搜索互联网，了解汽车安全提示灯的作用	学生利用网络在线了解汽车安全提示灯的作用	网络资源	让学生通过网络学习，提前熟悉学习内容，促进课堂教学的高效开展
2. 自学 NOBOOK 虚拟实验室的使用	学生根据实验电路图，借助 NOBOOK 虚拟实验室模拟实验	NOBOOK 虚拟实验室	

课中环节				
教学环节	教学活动设计		技术应用	设计意图
	教师活动	学生活动		
情境引入	1. 展示“背宝剑的刺客”图片 2. 提问“背宝剑的小人是隐藏在车里的刺客吗?”	思考、回答	PPT 展示 	创设情境，导入新课，直观展示，激发学生兴趣，营造良好的学习氛围
随堂检测	1. 发布测试练习题和答题卡 2. 指导学生分析测试题	1. 学生利用 Pad 作答 2. 学生讲解自己的解题思路	互动反馈：教师将问题发送至学生端，学生在 Pad 上作答并提交结果 	1. 检验学生课前自学情况 2. 学生给学生进行讲授，以学生为中心，激发学生的自主学习热情
车门未关提示电路	1. 展示车门未关的提示电路 2. 指导学生设计一个车门的开闭控制提示灯的电路，并上传	1. 学生画出自己设计的电路并拍照上传 2. 学生讲解自己的设计思路	1. 互动反馈： ①教师展示车门未关提示电路，学生据此拍照提交自己的设计结果  ②学生代表根据自己的提交结果进行讲解  2. 双轨展示：分别展示汽车未关提示电路和学生的电路设计提交情况 	通过对车门未关提示电路的探究，总结开关串联的作用，了解用电器短接在电路设计中的作用和方法

续表

教学环节	教学活动设计		技术应用	设计意图
	教师活动	学生活动		
车门未关提示电路	1. 指导学生在侧屏对自己设计的电路进行虚拟实验的模拟 2. 根据模拟实验的结果，教师根据冰箱门的电路给学生进行提示，指导学生改进车门未关提示电路	1. 学生代表对自己设计的电路进行实验模拟，验证设计的电路是否符合要求 2. 改进车门未关电路，拍照上传	NOBOOK 虚拟实验室	初步了解建立电路模型的方法，通过电路模拟判断电路设计的正误及实用性
座椅安全带提示电路	1. 展示座椅安全带的提示电路 2. 指导学生利用短接的方法设计一个座椅安全带提示灯的电路并上传 3. 指导学生分析自己的设计思路	1. 学生画出自己设计的电路并拍照上传 2. 学生讲解自己的设计思路	互动反馈：教师展示座椅安全带提示电路，学生据此拍照提交自己的设计结果	教师指导，学生自主探究，学生讲解分析，由浅入深，进一步了解开关的不同连接方式在电路设计中的作用，培养学生解决问题的能力
油量表电路	1. 展示汽车抛锚图片，设置场景 2. 播放油量表视频，使学生对油量表的简单原理产生感性认识 3. 展示课本上的油量表原理图，并演示动画，引导学生分析油量表的原理	学生观察思考，回答问题	1. 动画展示 2. 双轨展示：展示油箱加油的图片和油量表原理的视频 	使学生了解油量表各组件在电路中的作用

续表

教学环节	教学活动设计		技术应用	设计意图
	教师活动	学生活动		
油量表电路	引导学生利用电压表设计油量表电路	学生代表在侧屏上模拟实验，其他学生画出电路并拍照上传	NOBOOK 虚拟实验室	探究电压表作为表盘的油量表工作原理，使学生掌握流量表电路的设计
小结	学生总结本节课的收获			
课后巩固	相关练习题发布			

二、教学设计分析

1. 设计理念

该案例的教学模式主要采用了支架式和抛锚式教学模式，其主要的教学策略有联系生活教学策略、探究发现策略。通过联系生活教学策略将生活中的现象与物理学知识融合在一起，吸引学生的注意，提高学生的学习兴趣。通过探究发现策略使学生了解汽车车门未关提示、座椅安全带提示以及油量表的电路设计，提高学生设计电路的能力，通过学生自己的电路设计和模拟实验的结果，实现学生知识与技能的全面发展。

2. 教学过程分析

本堂课共分六个环节：情境导入、随堂测试、车门未关提示电路、座椅安全带提示电路、油量表电路、总结。其中随堂测试环节可以让教师在授课之前了解学生的自学情况，据此可以更好地进行后续的授课。在此环节之后的关于汽车的常见安全提示都是本节课的主要内容。

教师通过互动反馈、学生模拟、小结三个步骤进行课程内容的探究，既锻炼了学生自主探究的能力，又激发了学生自主学习的动力。在模拟实验的过程中，学生利用网络资源、虚拟实验室工具等信息技术，将抽象的知识具体化，同样也是将科学知识融于生活中，从而完成情感态度与价值观目标，如图 7-3 所示。

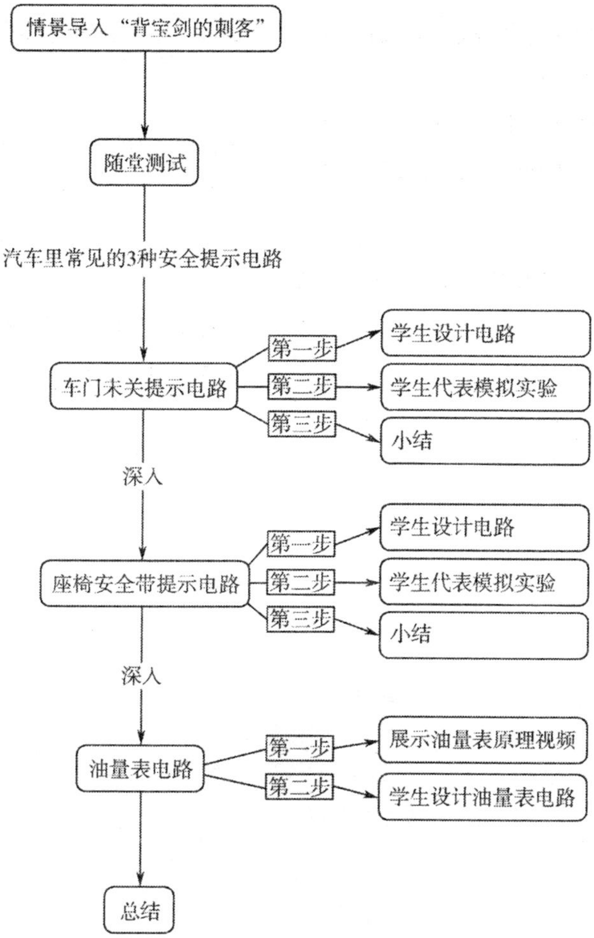

图 7-3　课堂环节

3. 技术融合分析

表 7-7 技术融合分析

技术功能	技术应用分析	教学作用
虚拟实验室	将学生设计的电路进行实验模拟	让学生了解建立电路模型的方法，通过电路模拟判断电路设计的正误及实用性
在线搜索	了解汽车安全提示灯的作用	锻炼学生自主学习的能力
互动反馈	教师展示车门未关提示、座椅安全带提示电路，学生据此提交自己的设计结果	教师通过与学生的习题互动，通过反馈的结果了解学生的知识掌握情况
双轨展示	车门未关提示电路和学生的电路设计提交情况关联展示	方便学生参照和关联学习，利于学生理解和应用，利于学生进行对比和分析
	油箱加油的图片和油量表原理的视频关联展示	